JN112233

# ビジネス・サファリ

## ―都市型フィールドワークの技法―

神原 理 編著

専修大学商学研究所叢書21

東京　白桃書房　神田

# 序　文

## 商学研究所叢書刊行にあたって

　専修大学商学研究所は，創立35周年記念事業の一環として，2001（平成13年）から「商学研究所叢書」を公刊している。『ビジネス・サファリ：都市型フィールドワークの技法』と題する本書は，「専修大学商学研究所叢書」第21巻にあたる。

　本書は，ビジネス現象の観察をサファリ体験のように意識させることで，「心躍る学習経験」に転換するアクティブ・ラーニングプログラムであるビジネス・サファリによって，都市部におけるフィールドワークの教育効果を示すことを目的に実施した，2018年度から2021年度にかけて当研究所の所員によるプロジェクト・チームで実施した研究プロジェクト「都市型フィールドワークの技法」の研究の成果である。

　本書では，観察力を高めるための技法と都市型フィールドワークを実施するための技法，ICTを活用したフィールドワークにおける実査の方法，及び実際にビジネス・サファリに取り組むことによる教育的な効果についても示されている。これは，都市型フィールドワークの技法に取り組む際の指針になると考えられる。

本書が学内外の多くの関係者に知的刺激を与えるとともに，本研究所にも社会から多くの知的刺激を受けるきっかけになることを祈念している。また，今後もプロジェクト・チームによる研究成果として，商学研究所叢書シリーズが刊行される予定である。このような研究活動が，引き続き活発におこなわれていくことを願っている。

末尾になるが，本プロジェクト・チームのメンバー各位そして同チームにご協力いただいた学内外すべての方々に厚くお礼申し上げたい。

　2022年3月

　　　　　　　　　　　専修大学商学研究所所長　　　岩尾　詠一郎

# はじめに

　本書は，2018年度専修大学商学研究所研究助成プロジェクト「都市型フィールドワークの技法」の成果である。同プロジェクトの目的は，①フィールドワークの技法を活用した都市部におけるビジネス研究のアプローチを提示するとともに，②アクティブ・ラーニングによるビジネス教育の1つとして，都市部におけるフィールドワークの教育的成果を示すことにある。

　「都市型」とした理由は，様々な人や情報が入り乱れる都市の雑踏や喧噪にある。時に猥雑で混沌とした状況の中，何か面白いものはないかと探す時に感じるワクワク感や，それを見つけた時の喜び…，それは，都会のジャングルで，様々なビジネス現象を「探検」しながら「発見（気づきや学び）」を得るフィールドワーク，すなわち「都市型サファリ」である。そうした意味で，本書のタイトルを「ビジネス・サファリ」とした。

　ビジネス・サファリとは，ビジネス現象の観察をサファリ体験のように意識させることで，「心躍る学習経験」に転換するアクティブ・ラーニングプログラムである。そこでは，フィールドワークを楽しめるような「遊び心」や「楽しさ（Fun）」を重視することで，能動的な学修と探究心の向上（内発的動機づけ）を目指している。また，初学者が気軽に取り組めるよう，本質的な要素を損なわない程度に，既存のフィールドワークの技法を簡素化・簡略化している。

　文化人類学や民俗学，社会学などで専門的にフィールドワークに取り組んでいる研究者からみれば，ビジネス・サファリは，既存のアカデミックな技法をつまみ食いして簡素化（劣化）させただけの「邪道なお遊び」と見なされるかもしれない。その理由は，第1に，1人で調査を行い，終わったらすぐにエスノグラフィーをまとめるのがフィールドワークの基本であるにもかかわらず，グループワークへと転換している点にある。第2に，フィールドワークの前後や途中で，調査とはあまり関係のない行動（買い物や食事など）をとることを許容している。第3に，簡素化・簡略化された初歩的な技法だけでは，発見でき

ることも，抽出される仮説なども限られる。これでは，奥深い洞察や発見，一般的知見を得ることは難しいだろう。

　そうした問題点を理解した上で，初学者向けのアクティブ・ラーニングとして「ビジネス・サファリ」を提示しているのには理由がある。筆者（神原）は，これまで20年以上にわたって，ゼミナールなどで学生にフィールドワークを教えてきた。その中では，基本的な技法を修得できないまま結果を出そうとしたり，観察記録を抽象化するところまでスキルアップできず，研究が頓挫するケースが多々あった。さらに，同じゼミナールに所属していながら，他の学生の調査には無関心で，コメントもアドバイスもしない学生が増えてきた。彼らの興味・関心が個別化していくなかで，どのようにゼミ全体をまとめながらフィールドワークに取り組んでいくか，ずいぶん悩んだ。

　結果，フィールドを探検する「楽しさ（Fun）」を共有できるようなグループワークにしたことで，フィールドワークをしながら互いに教えあったり学びあう機会が生まれ，それがさらに，彼らの学習意欲を高めることにつながっていった。玉石混交の調査結果が出ることもあるが，それも成果として受け止め，次回への糧とする。こうした意味から，既存のフィールドワークの技法を「楽しめる」ようにアレンジを施すようになった。この点については，第1章「発見のためのビジネス・サファリ」で，アクティブ・ラーニングとしての教育的側面と，アカデミックな技法としてのフィールドワークの課題について詳細に論じているので参照されたい。また，既存のフィールドワークに「遊び心」や「楽しさ」を取り入れることの意義，とりわけアクティブ・ラーニング（能動的な学修と探究心の向上）への効果については，12章「ビジネス・サファリにおける『遊び』」で論じているので参照されたい。


　本書の構成は，以下のとおりである。

　第Ⅰ部「ビジネス・サファリ　フィールドワーカーになるための基礎トレ」では，ビジネス・サファリに取り組む前のウォーミングアップとして，観察力を高めるための技法を論じている。第1章「発見のためのビジネス・サファリ―ビジネス教育用のアクティブ・ラーニング―」では，ビジネス・サファリの開発に至った経緯と，ビジネス・サファリの予行練習として，観察力を高めるための技法を紹介している。第2章「ビジネス・サファリにおける観察力養成

―『緋色の研究』から学ぶ―」では，小説や新聞，写真やビデオなど，身近にある様々なものを活用した観察力の養成方法を提案している。第3章「CMサファリ―映像を通した観察力の養成―」は，第2章での研究を受けて，ビデオ映像の中でもCMを用いた観察力の養成方法を提示している。

第Ⅱ部「ビジネス・サファリの基礎的技法」では，ビジネス・サファリに取り組む上での基礎的な技法（作法）を紹介している。第4章「サファリ入門―フィールドワークを始める―」では，フィールドワークに必要不可欠な基礎的な観察・記録方法を提示している。第5章「エスノグラフィーの作成」では，観察・記録した事象間の関連性を見つけ出すための手法として，「問題発見（仮説生成）型」のエスノグラフィーと，「テーマ設定（仮説検証）型」のエスノグラフィーについて，調査フォーマットを用いた具体的な技法を示している。第6章「記述力のあるノーツと分析力のある指標づくり」では，様々なフィールドノーツの記述方法と，ノーツから得られるデータを整理・分析するための指標の作成方法について論じている。

第Ⅲ部「ICTを活用したビジネス・サファリの技法」では，スマートフォンとアプリを活用したフィールドワークの技法を紹介している。第7章「スマートフォンを活用したビジネス・サファリ―都市型フィールドワーク入門のための一技法―」では，スマホを活用した実査用のツールボックスとマニュアルが紹介されている。第8章「ビジネス・サファリにおけるICT活用―フィールドワークのDX―」では，第7章で紹介した手法をさらにバージョンアップさせたフィールドワークのデジタルトランスフォーメーションの技法が示されている。第9章「スマホ・サファリの有効性―ICTを活用したフィールド調査の試み―」は，第7章での取り組みを検証する形で，スマホアプリを活用した調査法の有効性と，予備調査や仮説抽出の手法を提示している。

第Ⅳ部「ビジネス・サファリと遊び（The Fun Theory）」では，「遊び」や「楽しさ（Fun）」を取り入れたビジネス・サファリのあり方を論じている。第10章「ビジネス・サファリ，仕掛学とゼミ活動」は，不慣れなビジネス・サファリに取り組んできた教師とゼミ生の体験を記した「エスノグラフィー」がまとめられている。第11章「The Fun Theoryを見つける」では，フォルクスワーゲン社が提唱した「The Fun Theory（楽しい仕組み）」の考えにもとづいて，筆者らが取り組んできた実験を紹介するとともに，街の「The Fun Theory」を参考にしながら，独自の「The Fun Theory」を提案している。第12章「ビジネス・サファリにおける『遊び』」で

は，これまでの議論全体を踏まえた上で，カイヨウ（Caillois, R）の「遊び」の概念にもとづいてビジネス・サファリのあり方を捉え直すことで，アクティブ・ラーニング，とりわけ能動的な学修効果と探究心の向上に関する効果が論じられている。

　最後に，編著者として各章の執筆にあたってくださった大林守先生，吾郷貴紀先生，中原孝信先生には，心からお礼を申し上げたい。このプロジェクトを進めていく上では，様々な試行錯誤と紆余曲折があり，かつコロナ禍によって研究の中断まで余儀なくされた。「フィールドワークを研究するプロジェクトで，外出が規制される」という，前代未聞の厳しい制約の中でも，一定の成果を上げられたことについて，先生方のお陰である。感謝申し上げたい。大林先生は，次から次へと新しいデジタル・ツールを見つけてきては，それらを駆使して調査に取り組んで下さった。その成果もさることながら，飽くなき研究姿勢に，私はワクワクする思いだった。吾郷先生の論文からは，研究への真摯な姿勢と，ゼミ生への温かい眼差しを感じ取ることができた。この貴重なエスノグラフィーは，ビジネス・サファリに初めて取り組む教員たちの支えになることと思う。中原先生は，このプロジェクトに「仕掛け」と「遊び」を取り入れることで，発展的な方向へと進めながら，より抽象的・一般的な視点からビジネス・サファリの意義を論じていただいた。

　また，我々の指導に文句1つ言わずついてきてくれ，かつ貴重な調査データを提供してくれたゼミ生のみなさんにも感謝したい。みなさんの協力がなければ，本書は出版はなかったと思われる。優しい心を持った学生たちに恵まれていることをありがたく思っている。

　そして，白桃書房の大矢栄一郎様，及び本書の校正に携わって下さったスタッフの皆様には，限られた時間の中で最善の対応をして下さったこと，心からお礼申し上げたい。

2022年1月

神原 理

# 目次

## 第Ⅰ部 ビジネス・サファリ<br>フィールドワーカーになるための基礎トレ

## 第1章 発見のためのビジネス・サファリ
―ビジネス教育用のアクティブ・ラーニング―

## 第2章 ビジネス・サファリにおける観察力養成
―『緋色の研究』から学ぶ―

# 第3章 CMサファリ
―映像を通した観察力の養成―

# 第Ⅱ部 ビジネス・サファリの基礎的技法

# 第4章 サファリ入門
―フィールドワークを始める―

# 第5章 エスノグラフィーの作成

# 第9章 スマホ・サファリの有効性
―ICTを活用したフィールド調査の試み―

## 第Ⅳ部 ビジネス・サファリと遊び(The Fun Theory)

# 第10章 ビジネス・サファリ,仕掛学とゼミ活動

# 第11章 The Fun Theoryを見つける

# 第12章 ビジネス・サファリにおける「遊び」

# 第Ⅰ部

# ビジネス・サファリ
フィールドワーカーになるための基礎トレ

# 第1章●
# 発見のためのビジネス・サファリ
## —ビジネス教育用のアクティブ・ラーニング—

## 1 はじめに

　本小論の目的は，ビジネス教育におけるアクティブ・ラーニング手法として開発した「ビジネス・サファリ」というフィールド・アクティビティーの中から初学者に適した問題発見型ビジネス・サファリを紹介することにある。問題発見型ビジネス・サファリは，学生達が，ふだん特に意識することがない日常を意識し，感覚力（五感）を駆使して現実を認識する感覚力を養い，日常に潜む謎や驚きから探求すべき事象（獲物＝トロフィー）を発見（狩猟）し，その発見を比較したり，関係性を探ったりすることにより，その発見をより深くビジネスに関係する事象として理解していく知覚力を養う機会を提供する。

　参加者である多様なバックグラウンドを持つ多数の学生達が，必要最小限の準備で，探検＝サファリという心躍らせるロマンのある活動として実行できるように工夫したことに特徴がある。以下，第2節では，まずアクティブ・ラーニングにおけるビジネス・サファリの有用性を議論し，第3節ではビジネス・サファリの開発の経緯と参考にした諸資料を紹介する。第4節は典型的なビジネス・サファリの実施手順であり，第5節はまとめと課題である。

## 2 アクティブ・ラーニング教育とビジネス・サファリ

　文部科学省によれば，アクティブ・ラーニング（以下AL）とは「教員による一方向的な講義形式の教育とは異なり，学修者の能動的な学修への参加を取り入れた教授・学習法の総称。学修者が能動的に学修することによって，認知的，

1●

**図表1-1　学生の大学改革に対する関心度**

| 大学改革に関して「知らない」という回答（%） | 2016年 |
|---|---|
| 大学の理念 | 38.9 |
| 学部・学科のアドミッション・ポリシー | 47.0 |
| 学部・学科のカリキュラム・ポリシー | 46.2 |
| 学部・学科のディプロマ・ポリシー | 59.3 |

出所：第3回大学生の学習・生活実態調査報告書ダイジェスト版（2016年）

倫理的，社会的能力，教養，知識，経験を含めた汎用的能力の育成を図る。発見学習，問題解決学習，体験学習，調査学習などが含まれるが，教室内でのグループ・ディスカッション，ディベート，グループ・ワークなども有効なALの方法である」としている。アクティブの意味は能動的という意味で使われており，自分から学び，議論し，教えあうことの重要性を意識している。ビジネス・サファリは，教室外体験活動であることから，アクティブを行動という意味でも使っている。

　そもそもALが必要であるという理由には，知識化社会というイノベーションにより急激に変化する現代社会に適応していくためには，知識量を重要視するのではなく学び続ける姿勢が重要であり，問題発見・問題解決型思考力の必要性が増大しているという認識が根底にある。このため，大学改革の必要性が議論され，そのために要請されている3方針は，学位授与，教育課程編成・実施，入学者受け入れの方針であり，入口から出口までの全域にわたる教育の質保証と向上が求められている。そういったなかで，いわゆる座学による一方向の知識を与える指導方法から，ALなどにより知識を使いこなし能動的に学ぶ双方向の指導法の導入が，学び続ける姿勢を促進するために重要であるといわれている。

　では，実際に学生や大学がそういった状況にどう対応しているのであろうか。ベネッセ教育総合研究所が2008年から4年おきに行っている「大学生の学習・生活実態調査報告書」の最新版である2016年版を見ると，興味深い事実を垣間見ることができる[2)]。

　まず図表1-1によると，大学改革に関して学生の関心は低い。大学の理念に関しては，4割弱の学生が知らないと回答している。しかし，学部・学科のアド

**図表1-2　学生の週あたり平均時間利用**

| 一週間あたり平均時間 | 2016年 | 前回調査からの差分（Δはマイナス） |
|---|---|---|
| 授業出席 | 13.1 | Δ 1.4 |
| インターネット・SNS | 8.6 | Δ 0.1 |
| アルバイト | 6.5 | 1.2 |
| TV/DVD | 6.0 | Δ 0.4 |
| 友人と会う，遊ぶ | 4.7 | Δ 0.3 |
| 予習・復習 | 2.8 | Δ 0.1 |
| サークル・部 | 2.7 | 0.4 |
| 授業以外自主学習 | 2.4 | Δ 0.1 |
| 社会活動 | 0.5 | 0.3 |

出所：第3回大学生の学習・生活実態調査報告書ダイジェスト版（2016年）

**図表1.3　学生の教育観**

| 学生の教育観：<br>「とても当てはまる」と「まあまあ当てはまる」の合計（%） | 2016年 | 前回からの差分 |
|---|---|---|
| あまり興味がなくても，単位を楽にとれる授業がよい | 61.4 | 6.6 |
| 教員が知識・技術を教える講義形式の授業が多いほうがよい | 78.7 | Δ 4.6 |
| 大学での学習の方法は，大学の授業で指導を受けるのがよい | 50.7 | 6.8 |

出所：第3回大学生の学習・生活実態調査報告書ダイジェスト版（2016年）

ミッションとカリキュラム・ポリシーで5割弱，同ディプロマ・ポリシーに至っては6割弱の学生が知らないと回答している。

　図表1-2で，勉学に関する1週間あたりの平均時間利用を見ると，大学の授業（13.1時間）が最も多いものの前回調査の4年前と比較して減少，一方でアルバイト（6.5時間）は3番目に多い項目であり，かつ前回調査から増加となっている。つまり，おおざっぱに見ると，大学に行くかわりにアルバイトを増やしたという見方ができる。単位制は授業時間相当の予習と復習を行うことを前提にしているとすれば，予習復習の時間数（2.8時間）はあまりにも少ないし，前回調査から微減ということは改善の兆しがないことを示している。

　図表1-3によれば，学生の教育観に関して，「あまり興味がなくても，単位を楽にとれる授業がよい」とする学生が6割強おり，かつ前回から増加している。

図表1-4　授業経験

| 経験がある（％） | 2016年 | 前回からの差分 |
|---|---|---|
| グループワークなどの共同作業をする授業 | 71.4 | 12.3 |
| プレゼンテーション機会を取り入れた授業 | 67.0 | 9.4 |
| ディスカッションの機会を取り入れた授業 | 65.7 | 11.5 |
| 教員との双方向のやりとりがある授業 | 50.8 | 0.3 |

出所：第3回大学生の学習・生活実態調査報告書ダイジェスト版（2016年）

　また，前回から少し減少しているが，「教員が知識・技術を教える講義形式の授業が多いほうがよい」とする学生がほとんどで8割弱いる。また，「大学での学習方法は，大学の授業で指導を受けるのがよい」と考える他力本願な学生が増加傾向で5割を超えた。

　一方，授業経験に関して，AL化は進展しており，グループワーク，プレゼンテーション機会，ディスカッションは半数以上が経験し増加傾向，教員との双方向授業も半数を超え微増している。これらのデータから読み取れることは，大学の多くはすでにAL的な授業を導入しているが，学生は必ずしも歓迎していない状況である。従来型の座学の講義がよいとする学生は少し減少しているものの，8割弱の学生は受け身の座学の講義を好み，6割強の学生にとって，興味はなくとも単位修得が容易な講義がよい。AL授業が単位を取りやすいかどうかという問題はあるが，予習・復習と積極的授業参加が必要であるとすれば単位修得が容易であるとは考えにくいから，授業に行く時間を削ってアルバイトに精を出している学生がAL授業を積極的に歓迎しているとは考えにくい。

　総じて，学生の学習は浅い傾向を持っている[3]。浅い傾向とは，単位を取ることや試験にパスすることしか考えていない，予習をせずに不十分な事前知識のまま授業に参加する，事実を記憶するだけの学習で終わっている，教育に対してシニカルな見方をする，学習の仕方がわからないという学習へ強い不安といった傾向を持つことをいう。自分の興味や目的を持って能動的に授業に参加するような深い傾向を持つ学習に誘う必要がある。

　こういった学生達を前提にしてAL授業を進展させていくためには，学生が自らやる気になり，やってみると没入し，自律的な学習を始動・継続し，さらに学生間でコミュニケーションを取りながら議論し，教え合うことを促すプロ

グラムを提供することが重要である。[4] 通常，AL的学習方法といえば，体験学習，調査学習，グループ・ディスカッション，ディベート，グループワークなどを考える。しかし，こういったパターン化された学習方法を導入するだけでは十分ではない。油断していると，ALにおけるこういった手法の多くは雑談で終わり，能動的学修にはほど遠いものとなりやすい。

　繰り返し紹介されるALの成功例として，加藤（2012）による「縄文の犬」がある。縄文時代の遺跡を発掘すると，多くの動物の骨はバラバラに出土する。ところが，犬だけ骨格が残っていた。この事実を示し，生徒達に議論させると犬の埋葬に気づき，犬の家畜化が行われていた事実に到達するというAL授業である。きちんと埋葬された犬とそうでない他動物の骨という対比の効いた実例による「驚き」を契機としてAL授業を進行していくわけである。この「驚き」をスタートポイントとするという点は重要であるが，縄文の犬の場合は教師が提供する驚きとなっていることに限界がある。ビジネス思考の標準の観点からの要請として，日常における発見をビジネスに関連する事象として意識し，感じ取る感覚力と知覚力が重要となる。[5] つまり，学生に驚きを与えるのではなく，学生が自分で驚きを発見する能力を開発する機会を与えることが重要であり，ビジネス・サファリという探検はその手段として利用できる。

　探検の探は見つけたいものを探すことであり，検は調べることであるから，発見をして調べることを意味する。問題発見は問題解決の前段階である。しかし，従来の講義形式の授業では，発見は所与であったり所与の情報であったりすることが多い。課題解決の手法にはいくつかの定石あるいはフレームワークがあるから，問題発見ができれば手法の取捨選択となる。もちろん，発見にもいくつかの発想法が存在するが，そうであっても分析者の感覚力，知覚力，そして感性が必要である。したがって，それらを磨く術が必要であり，経験が必要となる。

　確認しておくと，ビジネス思考で重要なのは，日常における驚きをビジネス事象と関連づけて読み取る力である。「縄文の犬」のように教えるサイドが「驚き」を提供するのではなく，学生が自分の実体験の中から「驚き」（カルチャーショック）を感じ取る力であり，ビジネス・サファリはそれを実現する可能性を持っている。

# 3 ビジネス・サファリの開発

　フィールドワークは人類学そして社会学において多用され，優れた1次資料の入手方法として発達してきた。そして，その方法論はそれだけで1冊の書物を書けるほど確立している。その応用に関してもマーケティングや経営学の分野において，行動観察（エスノロジー），ビジネスケース・ストーリー，ビジネスモデルといったものに活かされている。だが，ビジネス・サファリはそういったフォーマルなフィールドワークではなく，これまでに筆者らが手探りで実施してきた非専門家用のフィールド・アクティビティーといった体験学習をベースにしたものである。具体的には，専修大学のユニークな課外講座であったHEIB講座，国際交流センターのBCLプログラム，そして専門ゼミナールの経験がベースとなっている。それゆえ，応用範囲は広く，低予算・少担当者・少時間・多学生といった環境でも実行可能であり，対象となる学生特性や対象となる事象もはば広いものである。

　専修大学HEIB講座は，1980年に4年制女子大学生の社会進出を促進する目的で創設された。創設当時は4年制の女子学生が少なく，就職も困難な時代であった。HEIBとは，企業内の消費者問題専門家という資格であるが，企業に在籍することが前提である。したがって，通常の資格試験講座（受験対策）とは異なり，消費者問題を中心としたビジネス全般に関する素養を高めるための講座（教養講座）であることが特徴であった。

　HEIB講座のカリキュラム・マネジメントは非常に困難であった。当初，担当教員は完全なボランティアであり，担当事務職員も専任ではなく兼任が1名という状況であった。受講生も課外であるため変動が多い上，シェークスピアを勉強している文学部の女子学生と，すでに簿記検定に合格している商学部の女子学生とでは，社会に対する意識の差は大きく，消費者問題を議論してもかみ合わない状態であった。また，課外であることから正課の学習に必要な時間を浸食することなく，課外時間を利用することが前提で，多くの時間を費やすことを要求はできない講座であった。そのような状況でも，菓子，化粧品，洗剤，入浴剤など身近な商品を対象としたテーマを選択し，関連する業界の社会人講師を招聘して講演会を行い，関連する業界の会社・工場見学を行った上で

合宿においてグループ研究を行い，コンペティション型式の研究発表会を行うという充実した課外講座であった。

　国際交流センターのBCLプログラムは，国際交流提携校からの短期留学生に開講している日本理解プログラムである[8]。ここで採用されているフィールドワーク的課題もHEIB講座同様，多様なバックグラウンドを持つ学生を対象としていることと，準備に時間をかけられない点で共通した性格を持っている。BCLプログラムは，9月から12月にかけて，全世界の国際交流提携校からの短期留学希望者に対して，午前中に日本語の集中授業，午後に日本のビジネスと日本文化を英語で講義するプログラムである。留学生には，自分の興味のある日本に関するテーマでフィールドワーク的調査をすることが要求されている。日本語能力が高くない外国からの留学生であると同時に母校での専攻も多様な学生が，ほとんど経験のないフィールドワークを日本で行うというものである。実施にあたっては，日本人学生がアシスタントにつくものの，彼らも決してフィールドワークの専門家ではないボランティア（付き添い役）である[9]。

　このような様々なフィールド・アクティビティーをベースにして，ビジネス・サファリを開発するに至ったわけである。以下では，特に参考にした米国で開発されたシティ・サファリ，代表的な日本のフィールドワーク入門書のいくつか，そして考現学，タウンウォッチングとストリートウォッチングを紹介する。


## 3-1　シティ・サファリ：子供用ではもったいない

　シェーファー＆フィールダー（1989）が開発したシティ・サファリは，米国の子供用環境教育プログラムである。副題は「子供の都市探検のためのガイド」となっており，子供達が都市探検することにより環境教育を楽しく学習するプログラムである。都市をシステムとして捉え，子供達が感覚力（五感）を使って街を感じ取る力を磨くことをベースに環境に対する意識を喚起するプログラムである。

　感覚力（五感）とは，視覚，聴覚，触覚，味覚，嗅覚である。感覚力の使い方を練習し，探検対象を決め，担当を決めたグループで探検，探検対象の地図を作製し，それをベースにすごろくのようなゲームを作製したり，テレビ番組仕立ての発表を作成して発表したりする[10]。

探検対象は多様であり，例えば自動車に貼ってあるステッカーであったりする。米国の自家用車のバンパーには，色々な意見や主張を書いたステッカーを貼る習慣があり，それを題材にしたシティ・サファリを考えることができる。生徒は，地図を見て，街を分割し，実際に足を運んでそれぞれの街区に自家用車が何台駐車しているか，ステッカーは何枚あるか，ステッカーにはどんな種類のものがあるか，ステッカー以外に気がついたものはあるかなどを記録，教室に戻って，集計，図表化，グループ・ディスカッションをして発表する。単なる発表会だけではなく，すごろくのような街ゲームやジオラマで立体的地図を作製したり，シティ・サファリをテレビ番組仕立てにしたりして発表する。さらに交通を手がかりにして，交通手段の種類や時間における手段や利用者の変化，標識，信号，交通案内，そして環境影響へと視野を広げていくわけである。

　こうした活動からは，「探検にいくぞ！」という教室外活動に，子供達は目を輝かせて，シティ・サファリを計画し，実行する姿を想像できる。こういったプログラムを子供用にしておく手はない。子供用教材の良いところは，フィールドワークの準備をおおげさにするわけに行かないことから，準備の負担が少ないことである。後述するように，我々の目的には，正式なフィールドワークは準備や実施に時間がかかりすぎる。その点，シティ・サファリは子供を飽きさせない工夫があり，多様なバックグラウンドを持つHEIB講座の女子学生やBCLの外国人留学生に最適であると考え，学生用にアレンジして実行してきた。


## 3-2　フィールドワーク入門書：とはいえ専門的過ぎる

　菅原（2006）は，彼が指導した学生達が実際に行ったフィールドワークの記録を読むことができる貴重な入門書である。その中で，京都大学で担当していたフィールドワーク入門の通年講義（2コマ連続＝週3時間；1999～2002年度）を紹介している。この入門講義は，日常の片隅から「謎」を発見し，フィールドワークを実行するものである。まず前期講義で，その「謎」をどうやったら解き明かすことができるのか綿密な調査計画を立て授業で発表し，受講者全員で議論する。夏休みに実際のフィールドワークを行い，後期に1人1時間程度の

発表と30分の討論を行う。そして，討論の内容を取り入れたレポートを年度末に提出するというものである。もし，このような講義を専修大学の規模で行うならば履修者は300人を超す可能性があるから私学（マンモス校）では，物理的に開講は不可能である。

　佐藤（1992）も示唆に富む，優れたフィールドワーク入門書である。彼は，「フィールドワークは，テクニックというよりは「技（わざ）」としての性格が強い。一種の見習い修行は不可欠のプロセスである」と書いている。ビジネス・サファリがターゲットとしている短期・単発型のフィールドワークを，ワンショット・サーベイあるいはヒット・エンド・ラン方式と呼び，「1回やってしまえばそれで終わり」と手厳しい。しかし，フィールドワークの定義について，調べようとする出来事の起きているその「現場」（＝フィールド）に身を置いて調査を行う作業（＝ワーク）一般をさすと考えてよいというからには，ビジネス・サファリが否定されるわけではない。また，恥知らずの折衷主義者でなければフィールドワークはできないと明言している点も重要である。厳格な純粋主義では現実と向き合うことは困難であり，当面利用可能な情報や知識を総動員して柔軟に考え抜く姿勢が強調されているから，制約の中で最善を尽くす姿勢が重要となる。

　フィールドワークを通して集められるデータの多くは「1次資料」，つまり調査者が自分の五感を通した体験をもとにした資料としての価値は，誰かが書いた本やその他資料などにもとづいた2次資料とは根本的に異なることを強調している。また，フィールドワークを野良仕事と訳すと無駄の多い作業であることを意味するとも述べている点は重要なポイントである。フィールドワークで何日もかけた調査が，2次資料では数行で済まされることもあるから，何が重要かということを常に意識しておく必要がある。

　特に，本書はフィールドワークの実際を説得的かつわかりやすく書き出している点が優れている。[11]はじめに何らかのカルチャーショック，あるいは日常の謎をベースにする。その謎に関して，すでにある程度わかっていることを土台（根拠）にして，まだよくわかっていないことについて実際に調べてみる。そして，その謎をさらに明らかにするための見通し（仮説）を立て，調査してみる。その調査によって，調べようとしている問題は，どの程度明らかになったのか。そして，どういう手順で，また，どういう根拠でそれが明らかになった

のか。明らかになったことは、はじめの予想と同じだったか。もし、見通しと違っていたとしたら、どのように違っているのか。そして、どうしてそんな違いが出てきたのか。調査をはじめる前に思いもよらなかったような発見はなかったか。まだわかっていないことはどんなことなのか。それを明らかにするには、どのような情報・データをどのような手順で集めればいいのか。そうすれば、どんな結果が出ると予測できるのかといったマイルドな仮説検証的な作業がフィールドワークであるとしている。[12]

## 3-3　考現学から，タウンウォッチング・ストリートウォッチングへ

　今（1987）による考現学は，必ずしもフォーマルな学問と位置付けられているわけはないが，興味深いフィールド・アクティビティーである。関東大震災後にバラックが建ち並ぶ風景を機に始めた風俗研究である。路上の事物を観察することで庶民の生活を浮き彫りにしていく活動であり，学というよりは評論に近いものと考えることができる。当初の研究は，人類学の影響が強いものであった感があるが，その後の赤瀬川（1986）の路上観察学といった展開では，珍しいものや奇異なものを発見したり，観察して楽しんだり，それ自身が一種の表現方法となる方向へと変化している。そういった展開の中でも，特にマーケティング的視点を持った博報堂（1985）のタウンウォッチング，心理学的視点を持った小林（2010）のストリートウォッチングは，ビジネス・サファリとの親和性が高く，開発に参考となった。

　タウンウォッチングでは，「街はビジネスの学校だ」というキャッチフレーズのもと，タウンウォッチングによって産業構造変化，消費構造変化といった現象を観察できるとしている。ビジネス観察という点から，分類や命名に関して示唆に富む資料である。

　タウントレンド発見法として，明智型（探偵型），彦星型（定点法・時系列型），ガリバー型（空間的比較型）を提唱し，複眼的な観察を促している。また，タウントレンド鑑賞法として，ヒト，モノ，マチに注目し，街の構造論として，駅前の新市街地と旧街道沿いの旧市街地，そして郊外型ニュータウンの違い，デパートの創業が呉服屋系か新興か，駅前型商店街が過密化・混雑・渋滞・画一化していくなかで，街外れ，裏通りが個性的の店の点在することによ

り，街の拡散化現象への注目を促し，バウムクーヘン三層構造が形成されると
している。つまり，駅やデパートを核とする中心街，それを取り巻く歓楽街，
さらにそれを取り巻く駐車場，洗濯屋などのサポートサービス街を持つのが典
型であるとしている。そういった典型例に変化をつけるのが，地理的要因やヒ
トを惹きつけるポンプアップショップの存在，透過性・迷路性を持ちつつヒト
を集めるスポンジ・ショップの存在といった様々な要因によるヒトの流れであ
り，一方向の大動脈型，多くの脇道を持つ毛細血管型，回廊を持つ循環型など
を考えることができるとしている。

　店舗の分類として，生活密着型のウィークデイショップ，生活充足型のウィ
ークエンドショップ，高主張型のニューライフスタイルショップ，高感度型の
エキサイティングショップ，情報発信型のハイテクショップ，超流行型のハイ
グレードショップ，流行先端型のハイファッションショップといった分類を提
唱している。それらの立地・配置による類型化により街を分類し，カルチャー，
サブカルチャー，コミュニティー，ウィークデー，ウィークエンド，ファミリ
ーニーズ，パーソナルウオンツを充足させる街としている。

　小林（2010）のストリートウォッチングは，心理学的要素を取り入れている
のが特徴である。心理学を手がかりにしたフィールドワーク的観察を行うもの
であり，ビジネス・サファリの観点からは，消費者行動の観察に示唆に富む資
料である。食欲，睡眠欲，性欲が三大欲求として挙げることができる。食べ物
の匂いが誘う食欲や，誰かの腹減った発言による暗示効果，電車で座っている
乗客の睡眠やあくびの連鎖，美しい女性やかっこよい男性を見ると振り向くと
いったヒトの行動を支配するものに着目する。

　集団心理や同調行動により，周囲のヒトと同化した行動を取るため，特定箇
所にアベックが集まったり，同じファッションや行動をする集団が形成された
り，行列や人だかりにヒトが吸い寄せられたりする。欲望と逃避の二面性で思
わず走りたくて走ってしまう現象，探求心を刺激されてモニュメントや風変わ
りなものに立ち止まってしまう現象，好奇心や競争心を刺激されて野次馬が集
まる現象など街におけるヒトの行動を観察することができる。

　観察軸もたくさん紹介している。時間，場所，年齢，性別，姿勢がある。視
覚では，視点の高低では，150センチメートル程度の目線を中心とした上下に
おける世界観の違いの観察を紹介している。観察後の資料整理のアイデアとし

て，街のスナップ写真に想像でアテレコをつけるというものが興味深い。アテレコとは「当てレコーディング」のことで外国映画に自国語の台詞を当てはめて録音することを意味し，ここでは1枚のスナップ写真に写っているヒトに想像で台詞をつけるものである。複数の人間が異なるアテレコをつけることにより，深い観察を促すものである。あるいは複数の写真を4コマ漫画風に並べて，ストーリーを作るアイデアも紹介している。シティ・サファリでTV番組を作製するアイデアがあるが，それらより簡便であると同時にストーリーを考えるためには，何らかの予想（仮説）とその検証あるいは根拠の提示が必要となるため，良い訓練である[13]。

　藤巻（2010）は「街歩き学」を提唱している。絶版であったためビジネス・サファリを開発した後に発見した貴重な文献である。ビジネス・サファリの出発点はシティ・サファリで，街歩き学の出発点は伝説的なファッション・バイヤーの行動である。彼は伊勢丹そしてバーニーズジャパンで活躍後，2003年福助株式会社の社長を務め1年半で再建，その後明治大学特任教授や参議院議員を歴任という多彩な経歴を持つ実業家である。彼が尊敬するバーニーズニューヨークの伝説的バイヤーであるコンスタンス・ダロー女史が新しい土地に行くと必ず実行する街歩きを次のように紹介している。「とにかく，歩く。車も使わず自分の足で歩く。街を歩きながら，その街の色，温度，空気を感じ，気になる空間は五感でじっくり味わっていた」そして，そういった「街歩き」によって，机上のマーケティングでは得られない発見力，仮説生成力，情報の引き出し力などを身に付ける重要性を論じている[14]。

　こういった文献を参考にしつつ，現場における多くの失敗といくつかの成功の積み重ねという試行錯誤により開発・改善しているのがビジネス・サファリである。

# 4 ビジネス・サファリの予行練習

　ビジネス・サファリは，対象としている学生の現実を直視しており，子供用のシティ・サファリのアイデアを大学生用に換骨奪胎したものと見ることができる。子供用ということの長所は，実施にあたって多くの準備や工程管理を必

要としないことである。集中が切れやすく，飽きやすい子供を対象としているため，様々な工夫がある。また，探検＝サファリというロマンで興味をつなぎ止めている。探検というロマンは子供だけのものではなく，「気づき」さえあれば日常に謎を発見し，その理由を知りたいというドライブは誰でも持っている。ビジネス・サファリは，教室で学んだ経済・経営・商学などの理論を実際に利用する機会となるため，教室での学習の有用性を再認識することになる。

　以下の予行練習は，すべてを実行する必要はなく，実際のビジネス・サファリのターゲットにより，必要なものをピックアップすればよい。場合によっては，現地に行く途中で実施することも，現地で開始前に実施することもできる。ここで「予行演習」としなかったのは，それがもつ実際の状況下での定型的な成果の準備というニュアンスを避けるためであり，より自由な発想のための準備活動として「予行練習」という言葉を選択した。

## 4-1　感覚力の覚醒

　出発点は，五感などを研ぎ澄ますことで自身の感覚や感性を大事にすることである。そして，感知したものを言葉にすることで感覚力を育成することは，語彙を増やし，説明力を向上させる。さらに認識した事実を持ち寄り，それを意味づけする分析により知覚力を育成することになる。その過程で，他者との対話や討論，情報共有により，コミュニケーション能力も向上させることができる。

### （1）感覚を研ぎ澄ますための予行練習

　以下に紹介する手法は，2〜3人1組で作業を行い，結果のフィードバックや意見交換を行うという特性上，基本的にはゼミナールなどの少人数クラス（最大で30人程度）を想定している。フィードバックを簡略化すれば，最大100人程度のクラスでも可能である。作業は，教室で行うこともできるが，学生ラウンジや食堂，商店街や公園などで，安全に留意して行うこともできる。以下の①〜⑥の作業で，お互いに感じたことを説明し合う際には，できるだけボキャブラリーを豊富に用いて表現することを意識させる。

①聞く：1人は目を閉じ，周りの音を聞き，異なる音がいくつ聞こえ，一つひと

つが何の音か，どういう音色かを相手に説明する。

②触れる：1人は目を閉じたまま周囲のモノに触れ，それが何か（どういう物）か，形状や特性などを説明する。

③匂いを嗅ぐ：1人は目を閉じたまま身近なモノ（本やペンなど）の匂いを嗅いでみて，その特徴を相手に説明する。

④見る：1人は目を開けて周囲を見回し，目にとまったモノの形や大きさに注目し，色や模様など，その特徴を相手に説明する。また，それと似たモノや違うモノを探してみる。さらに，部屋全体の形や大きさなどを見てみる。

⑤味わう：種類の異なる固形のお菓子などを用意し，それが何か中身がわからないようにして，アイマスクをつけた相手に渡す。渡された方は，上記の「②触れる」「③匂いを嗅ぐ」を行った後，実際に食べて，味や香り，どのような音がするかを説明する。次にアイマスクを外し，鼻をつまんで（匂いを嗅ぐことができない状態で）食べることで，味や香りの違いを表現する。食べ物を味わう舌の場所を変えてみて，その違いによる味わいの変化を比較してみる。

　　飲み物を用意して同様の活動を行う。その際，コップの素材や色・形を変えたり，ストローを使った場合の感覚の違いも比較する。温かい飲み物や冷たい飲み物が，時間の経過とともにどのように味や香りが変化するか表現してみる。

⑥気づく：①〜⑤の作業を通して，どのようなことを感じたり気づいたりしたか，なぜそのような気づきを得られたのか考えてみる。

　　さらに，上記①〜⑤の中で，屋外で実行すると興味深いものを選択し試してみる。


## (2) 変化を観察する

　教室や建物の中を見回し，そこで変化し続けているものを見つける。そこに入る前と入った後では何が変化したか。その場所でコントロールできるものは何か。そこで変更したいものはあるか。その場合，どのようにすれば変更できるかをメモする。

　変化を発見するためには，大きさや形，色，手触り，数，日々変わるもの，長期的に変わらないもの，他のものに変化するもの，他のものを変化させるも

の，自然を原因にして変化するもの，人間の活動で変化するものなどを意識して観察する。

　教室外では，通学途中で目にする変化を観察しメモをとる。電車やバスの乗車時間や乗車位置を変えてみて，新たな変化や知らなかった変化を見つける。電車やバスが比較的空いている時には，車内の乗客数，乗客の年齢構成，人種，ファッション，乗客の行動（スマホ使用，読書，睡眠，飲食，会話など）の変化を観察する。それらを記録できるようなワークシートを事前に作製し，メモ（自筆，写真，スケッチなど）をとることもできる。ただし，車内トラブルにならないよう気を付ける必要がある。

　視点を変え，通学や散歩中の自身の足下に注意し，どのような変化があるか記録する。道路脇の草花や石コロの変化，道路の舗装や道幅の変化，すれ違う人々の足元（靴の色や形）など，歩行中に感じる変化を観察し記録する。

　また，目線の高さを変えるために，階段や歩道橋など，いつもより高い視点から周囲を観察してみたり，逆に座ったりしゃがんだりしながら低い目線から観察してみたりすることで，普段の目線との変化を記録する。

## (3) 街角で観察する

　特定の街角やキャンパスの一角などで，通行人の特性（性別，年齢，グループ構成，人種，ファッション，髪型やメイク，持ち物，予想される職種など），現地までの交通手段（電車，バス，自転車，徒歩など），法的あるいは暗黙の通行規則（エレベーターの立ち位置，歩行者の右側・左側通行）や，それに関する標識や表示（止まれや足元に注意など），交通規則や標識を守らない通行人や，その違反状況など，ワークシートを作製しメモする。ただし，通行の邪魔にならないように注意するとともに，写真を撮る場合はプライバシーに気を付ける。

## (4) 商店街での観察

　商店街でお店や買い物客などを観察し記録をとる。あるいは，商店街の特定の区間や，特定の業種に限定して観察記録をとったり，地図を作製したりする。店舗構成や立地，商店街のイベント，人流分析（交通手段の特性，通行人の特性，購入者の特性），個々の店舗特性（看板，チラシ，ポスター，営業時間，品

揃え，価格，従業員特性，経営スタイル，店の規模，歴史），営業中の商店街と，開店前や閉店後の商店街との比較など，ワークシートを作製しメモする。ただし，店舗の営業の邪魔にならないよう注意するとともに，写真を撮る場合はプライバシーに気を付ける。

### (5) 予行練習後の作業例：比較と関係性

　記入したワークシートから観察対象の諸特性を集計・精査し，データ化・図表化することで，データ間の特性を比較したり，関係性を見つけ出していく。1枚の写真やスケッチに吹き出しやアテレコを付記して，観察時の状況を表現したり，4枚の写真やスケッチで，4コマ漫画風にストーリーを作製し，観察対象の関係性を考える。これらは，ＰＣやスマートフォンの機能なりアプリケーションを用いれば容易に作成できる。動画もテレビドラマのように編集することができる。

　以上の予行練習は，ペアやグループで行うことが有効であるが，1人で実行することも可能であり，かつ準備もおおげさなものではない。


## 4-2　予行練習のためのフォーマット

　感覚を研ぎ澄ますための予行練習を行う上では，下記のシート「観察する」「味わう」を活用するとよいだろう。最初に2〜3人ひと組に分かれてもらい，フォーマットに記載されている調査手順を説明していく。


### (1) 観察する

　「観察する」の場合，観察場所は，大学であれば食堂やカフェテリア，図書館，中庭，売店やコンビニ，教室，ＰＣなどが設置されている情報端末室など，グループごとにできるだけ異なる場所で行った方がよい。時間に余裕があれば，近隣の商店街や公園で行ってもよいだろう。作業時間は，手順の説明と観察場所への移動で10分，観察は1セット10〜15分，2人ひと組であれば30〜40分になる。

　終了したら全員が再集合し，自分が観察者になった時のシートを見ながら，各自の練習結果や感じたことを報告する。20人程度までの少人数クラスの場合

は，1人ずつ順番に観察記録を報告してもらい，各自の観察ポイントの違いや，自身の気づかなかった点などについて意見交換をする。それ以上の人数がいるクラスでは，4〜5人のグループになってもらい，上記と同様に互いの観察記録を報告し合う。発表者は，各グループから代表者を選んでもらうなり，学生から自発的に募るなり，教師が指名するなどして，適切な発表者数に発表してもらう。観察場所を選ぶのに手間取ったり，メンバーが多い場合は作業に時間がかかることもあるので，全体報告は次の時間帯（翌週の授業など）に行うこともある。

　筆者らが取り組んだケースでは，教室だけでなく，食堂や図書館，情報端末室，校舎の屋上，裏庭，事務課の前，喫煙スペース，なかにはエレベーターの中に入って動くがまま上下に階を移動しながら観察したり，証明写真を撮影する機械の中に入って，写真も撮らずに観察したりする者もいた。こうした観察場所を自分なりに工夫するのもいいだろう。食堂では，学生たちの笑い声や食べ物の匂いを感じることができるし，図書館では本の匂いを感じたり，ページをめくる音，ひそひそ話などを耳にしたりするだろう。中庭や裏庭に立てば，風の音や雨音，鳥のさえずりなどを感じられるだろう。遠くに見える建物や近くのベンチ，昼寝をする野良猫，コンクリートの手触りや草花の色や香りなど，あらゆるものを感じたままに表現すればよい。校舎の屋上に立って「今日は風が強かったので，音階でいうとドレミファソのソぐらいの音だった」と表現する学生もいた。エレベーターの中に入って観察した学生は「ドアが開くと，各階によって匂いが違う。特に学食のある4階はすぐにわかる」とか「誰かが乗ってくると，その人の匂いがする」と表現していた。変化の観察では，雲の流れや人の動きを表現できるだろう。「学食で会話する学生たちの表情は，笑ったり驚いたりと変化している」だとか「空を見上げるとカップルの鳥が3組飛んでいて，それがくっついたり分かれたり，別のカップルと入れ替わったりと，鳥にもいろんな関係があるのだと思った」と変化を表現する者もいた。

　目を閉じたり匂いを嗅いだりしながら意識的に調査をしてみると，普段は気づかないままやり過ごしてしまっている身の回りの様々な現象があることに気づく。そうした様々な現象（情報）に囲まれていることへの「気づき」を観察フォーマットの最後に記録していく。全員が戻ってから順に報告をしていくと，それぞれの「感性」や「気づき」を理解し共有することができる。

**図表1-5　感覚を研ぎ澄ます予行練習シート：（1）観察する**

<table>
<tr><td colspan="2">感覚を研ぎ澄ます予行練習シート：（1）観察する</td></tr>
<tr><td colspan="2">・2～3人ひと組になって，1人は観察者，もう1人は記録者になる。<br>・日時と天候，調査場所，調査メンバーを記入したら「①聞く，②見る…」の順に作業を行う。<br>・観察者はそれぞれを「できるだけ多くの言葉を使って」表現していき，記録者はその言葉を記入していく。<br>・次に観察者と記録者が交代し，「①聞く，②見る…」の順に同じ作業を行う。<br>・終わったら他のグループのメンバー全員と再集合し，結果を報告する。</td></tr>
<tr><td>日時と天候</td><td>年　　月　　日　　時　　分～　　時　　分　　天候：</td></tr>
<tr><td>観察場所</td><td></td></tr>
<tr><td>調査メンバー</td><td>観察者：<br>記録者：</td></tr>
<tr><td>①聞く</td><td>目を閉じるとどんな音が聞こえますか？ 聞こえる音のすべてについて，何の音で，その大きさや音色の違い，特徴などを表現して下さい。<br><br>a）その音を聞いて，あなたはどのような気持ちになりますか？<br><br>b）周囲の人たちは，どのような気持ちになっていると思いますか？</td></tr>
<tr><td>②見る</td><td>目を開けると何が見えますか？ 見えるものすべてについて，それは何で，その形や大きさ，色や模様，特徴などを表現して下さい。<br><br>・人や動物：<br><br>・モノ（物体）：<br><br>・建物など：<br><br>a）そこでは，何が起こっていますか？ 彼らは何をしていますか？<br><br>b）彼らは何を考えていると思いますか？<br><br>c）なぜ，そういうことが起きているのだと思いますか？<br><br>d）この場所に特有なもの（人・モノ・現象）と，ありきたりなものはありますか？</td></tr>
</table>

**図表1-5の続き**

| ③触れる | 目を閉じて身近にあるモノ（物体）に触れて下さい。<br>a）それは何ですか？ どのような感触ですか？ 様々な言葉で表現してみて下さい。<br><br>b）それに触れることで，あなたはどのような気持ちになりますか？<br><br>c）他の人たちは，どのような感触や印象を持つと思いますか？ |
|---|---|
| ④匂いを嗅ぐ | 身近にあるモノ（物体）の匂いを嗅いでみて下さい。<br>a）何の匂いを嗅ぎましたか？ どのような匂いがしますか？ 様々な言葉で表現してみて下さい。<br><br>b）その匂いを嗅いで，あなたはどのような気持ちになりますか？<br><br>c）他の人たちは，その匂いを嗅ぐと，どのような気持ちになると思いますか？ |
| ⑤味わう | 近くに食べ物（飲食店や食料品店，自販機，果樹など）はありますか？<br>a）そこには，どのような食べ物があり，どのような味がしそうですか？<br>（可能であれば食べてみる）<br><br>b）それを味わうことで，あなたはどのような気持ちになりますか？<br><br>c）他の人たちは，どのような味覚や印象を持つと思いますか？ |
| ⑥変化を観察する | 周りを見渡して変化し続けているものを見つけて下さい。何がどう変化しているか説明して下さい。 |
| ⑦気づいたこと | ①～⑥を通して，<br>a）あなたはどのようなことを感じたり，気づいたりしましたか？<br><br>b）なぜ，あなたはそう感じたのですか？<br><br>c）周囲の人たちは，どのようなことを感じたり，気づいたりすると思いますか？<br><br>d）そこでは，どのような問題が起きている（起きそうだ）と思いますか？<br><br>e）なぜ，そういう問題が起きている（起きそうだ）と思いますか？<br><br>f）それに対して，あなたは何ができますか？ |

### 図表1-6　学生による観察結果

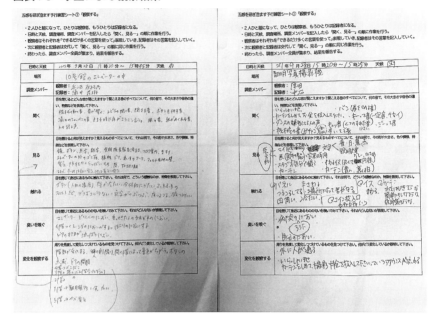

## (2) 味わう：お菓子バージョン

　この作業を行う前には，事前にウェットティッシュ（除菌シート）と，小袋に入った一口サイズのお菓子のアソートパック（詰め合わせ）を人数分用意しておく。

　筆者が行ったケースでは，一口サイズの様々な和菓子が入ったアソートパック（詰め合わせ）を用意し，学生1人ずつに渡しながら行った。和菓子は，洋菓子ほど香りが強くないので，香りに影響されることなく，味覚や嗅覚を駆使してじっくりと味わうことができる。また，日頃から和菓子を食べ慣れている学生は少ないので，慣れない食べ物を味わった時の感覚をどう表現するかも練習の機会になると考えた。学生たちによる主な観察記録は，以下のとおりである。

## ①触れる

　柔らかい。潰しちゃいそう。何かしっとりした生地で挟まれた丸いどら焼き

**図表1-7　感覚を研ぎ澄ます予行練習シート：(2)　味わう　(a)**

感覚を研ぎ澄ます予行練習シート：(2)　味わう

(a)　お菓子バージョン

・2〜3人ひと組になり，1人は観察者，もう1人は記録者になる。
・手の消毒を行った後，観察者はアイマスクをつける。
・記録者は，小袋に入ったままのお菓子を観察者に渡す。
・観察者は，「触れる，匂いを嗅ぐ」の作業を順に行い，それぞれを「できるだけ多くの言葉を使って」表現していく。記録者はその言葉を記入していく。
・次に観察者は，そのお菓子を一口，二口と食べながら味を説明する。食感や香り，どのような音がするか，「できるだけ多くの言葉を使って」表現していく。記録者はその言葉を記入していく。
・半分ぐらいまで食べたら観察者はアイマスクを外し，自分が食べているものを確認する。
・次に観察者は，鼻をつまんで匂いを嗅ぐことができない状態で食べてみる。
・観察者は，その時の食感や香り，どのような音がするか「できるだけ多くの言葉を使って」表現していく。記録者はその言葉を記入していく。食べ物を味わう舌の場所による違いを表現してもよい。
・次に観察者と記録者は交代して同じ作業を行う。
・終わったら，他のグループの調査メンバー全員が集まり，結果を報告する。

| 日時と天候 | 年　　月　　日　　時　　分〜　　時　　分　　天候： |
|---|---|
| 観察場所 | |
| 調査メンバー | 観察者：<br>記録者： |
| ①触れる | アイマスクをつけて，記録者から渡された食べ物に触れて下さい。それはどういう感触なのか表現して下さい。 |
| ②匂いを嗅ぐ | アイマスクをつけたまま，記録者から渡された食べ物の匂いを嗅いでみて下さい。それがどんな匂いが表現して下さい。 |
| ③味わう | アイマスクをつけたまま，記録者から渡された食べ物を食べてみて下さい。味や食感，香り，音などを表現して下さい。<br><br>アイマスクを外し，鼻をつまみながら食べた時の味や食感，香り，音などを表現して下さい。 |
| ④気づいたこと | |

図表1-8　練習の様子①

みたいなもの？ 固くて平べったくて，ゴツゴツしたあられみたいな感じ。てっぺんが油っぽい。粉がついている。クッキーっぽい。角丸のような形。

②匂いを嗅ぐ

　生地の甘い香り。ノリの匂い。チーズの匂い。ちょっとクセのある香り。パンの匂い。クリームの匂い。生地が和風の匂い。お婆ちゃん家で出てきそうなお菓子の匂い。お年寄りが好きそうな匂い。

③味わう

　ちょっとパサパサしたあんこの味。お茶が欲しくなる。チーズが甘い。しっとりした食感。喉が渇く。あんこの香りが口に残る。最中っぽいけどくどくない。外が最中で中は餅っぽい。あんこの食感。お土産レベルの味（自分では好んで食べない）

④気づいたこと

　目を閉じて（アイマスクをして）食べた時に感じたことと，実際に見て食べた時とでは，自分が思っていた食べ物と全然違っていて，視覚だけで味を決めつけていると思った。和菓子はあまり匂いがしないから，食べてみて初めて味や香りがわかるような気がする。


## (3) 味わう：飲み物バージョン

　この作業を行う前には，事前にウェットティッシュ（除菌シート）の他に，飲み物（果汁飲料や炭酸飲料など）と，紙コップやプラスチックコップ，ストローなどを人数分用意しおく。

**図表1-9　感覚を研ぎ澄ます予行練習シート：(2) 味わう（b）**

感覚を研ぎ澄ます予行練習シート：(2) 味わう

(b) 飲み物バージョン

・飲み物を用意して「(a) お菓子バージョン」と同様の活動を行う。

・観察者は「①匂いを嗅ぐ」「②味わう」「③気づいたこと」の作業のみを行う。

・同じ飲み物をコップの素材や色・形を変えたり，ストローを使ったりして飲んだ時の違いも試してみる。

  ex.）炭酸飲料を紙コップ／プラコップ／グラス／マグカップ（湯飲み）などで飲んでみたり，コップやグラスの色を明るい色や暗い色などに変えて飲んでみる。

  ex.）ホットコーヒーや紅茶をストローで飲んでみる。

・温かい飲み物を用意して，それが徐々に冷めていく時の味や香りの変化，あるいは，冷たい飲み物が徐々にぬるくなっていく時の変化などを表現してもよい。

| 日時と天候 | 年　　月　　日　　時　　分～　　時　　分　　天候： |
|---|---|
| 観察場所 | |
| 調査メンバー | 観察者：<br>記録者： |
| ①匂いを嗅ぐ | アイマスクをつけたまま，目を閉じて記録者から渡された飲み物の匂いを嗅いで，どのような匂いが表現して下さい。 |
| ②味わう | アイマスクをつけたまま，それを飲んで下さい。味や香りなどを表現して下さい。<br><br>アイマスクを外し，鼻をつまんで飲んだ時の味や香りなどを表現して下さい。<br><br>容器の素材や色・形を変えた時，飲み物の温度が変わった時などは，味や香りなどがどう変わるか表現して下さい。 |
| ④気づいたこと | |

筆者の場合，ホットコーヒーを用いて上記の練習を行った。「②味わう」では，火傷をしないよう少し冷ました後，ストローでコーヒーを飲んでもらった。学生の観察結果は，以下のとおりである。

①匂いを嗅ぐ

　土のような匂いがする。焦げてるみたいな匂い。カルディ（コーヒー豆や食品の販売店）でコーヒーを焙煎している様子が頭に浮かんできた。ほのかな酸味。口に香りが広がる時に苦みを感じる。大人な味。

②味わう

- アイマスクあり：苦みは感じたが他の味はわからない。酸味が強くなった気がする。香りが口の中に留まる。思ったよりも薄く感じる。
- アイマスクなし：鼻をつまんだ方が酸味を感じる。苦みは感じない。酸っぱい。飲みたくない。
- ストローで飲む：口の中全体にコーヒーが行き渡らず，酸味しか感じない。コーヒーをいったん吸い込んでから，意識的に口の中に広げていくとコーヒーの味を感じる。苦味の後の酸味が強く感じる。苦味が強くなった気がする。ストローだと，直接，口の中にコーヒーが入ってくるので，苦味だけを感じて，それ以外の味や香りは感じない。
- 温かい時は香りを強く感じたが，冷めていくと苦味が少なくなるように感じた。

③気づいたこと

　コーヒーの苦みは，匂いが関係している可能性があると思った。苦みより酸味の方が感じやすい。ホット飲料はストローで飲んではいけない。普段はコーヒーを飲まないが，（アイマスクで）視覚をなくすと飲みやすく感じた。


# 5 まとめ

　一連の予備的作業は，ビジネス・サファリに取り組む上では非常に重要なイントロダクションの役割を果たす。商店街やショッピングモールなどのフィールド（調査場所）に立ったとき，どんな音が聞こえて，どんな匂いがするのか，そこから感じ取られる独特の「場の空気」をどうやって言葉で表現すべきか，

**図表1-10　練習の様子②**

思考を巡らせることになる。それこそが，フィールドリサーチの醍醐味でもある。その第一歩を経験することが，ここでの目的でもある。

　この予行練習を行う意図や目的は，観察調査をする前に説明するべきか，観察が終わった後で説明した方がいいかは，悩ましいところである。最初に説明すると，学生はより意識的に観察するだろうが，逆に意識しすぎて過剰な調査結果に至ってしまうこともある。何だかよくわからないままとりあえず観察してみて，「何に気づきましたか？」「普段はそれに気づいていましたか？」といった問いかけをすることで，自分たちの観察結果を再評価してもらい，こうした調査の重要性を理解してもらう方法もある。反面，観察する意図も目的もわからないまま「とりあえず行ってこい」と先生からいわれるので，モチベーションに個人差が出ることがある。「今日は，感覚を使った調査を試してもらいます。みなさんの感性を高めるために，いつもより敏感になって，身の回りの物事を観察してみて下さい」といった表現で観察に行ってもらうのが，筆者の経験からすれば妥当なようである。どの方法にするかは，教師の意向やクラスの雰囲気，学生たちの意欲などに配慮して決めるのが最善だと思われる。

[注記]

1) 問題発見型ビジネス・サファリと総称としてのビジネス・サファリを厳格に区別する必要がない場合は，単にビジネス・サファリと記すことにする。

2) http://berd.benesse.jp/koutou/research/detail1.php?id=5169（2017年9月20日アクセス）

3) 加藤（2016）は，学生の学習を浅い傾向と深い傾向に分類している。また，深い傾向とは，自分の関心や将来のために学ぼうとする，自分の興味や目的を持って授業に参加する，適切な予備知識がある，高い概念レベルに焦点をあて，第一原理から学び，順に構造化された知識基礎を求める，関連性のない詳細な事柄よりも理論的に学ぶことを好みその能力があることといった傾向を挙げている。つまり，この分類から見ると，多くの学生の学習は浅い傾向を強く持ち，深い傾向への移行を促すことが重要であることがわかる。

4) 探検家のグーリー（2016）は日常を探検に転換することを提唱している。グーリーによれば，探検とは研ぎ澄ました感覚力で何かを発見し，それを知覚力で理解したものを分かち合うことであるということができる。五感を研ぎ澄まし，日常を見直すことにより，意識し，関係を考え，記憶し，伝えあうことにより，平凡な日常も驚きにあふれた世界に変貌するのである。意識の転換に成功した学生は深い傾向を持つ学習が可能となる。

5) ビジネス教育を行うにあたって，満たすべきビジネス教育の標準を考えることが重要である。永松（2017）は歴史学のAL授業を紹介するなかで，米国の歴史思考の標準を紹介している。それを参考にして，ビジネス思考の標準を，以下の4つの力に集約することができる。

1. ビジネスに関連する社会的事象に関する様々な資料から，その内容を科学的に適切に読み取る力

2. ビジネスに関連する社会的現象に関して，他の事象との因果関係や，時間の推移に伴う変化などを論理的に考察し，その意義や意味を解釈する力

3. ビジネスに関連する社会的現象に関して，多面的・多角的に考察し，複数の解釈が成立することに気づき，解釈の根拠や論理を説明する力

4. ビジネスに関連する社会的現象に関して，その意義や意味を総合的に表現するとともに新たな課題を見つける力

6) HEIB講座（注7）において，大林守は25年間担当し運営委員長を経験，神原理は15年間担当し運営委員長を務めた。国際交流センターにおいて，大林は2015年まで14年間センター長を勤め，BCL（注8）を担当し，現在もBCL講師を担当している。神原理は通算4年間センター委員，BCLコーディネーターとして10年間継続している。ビジネス・サファリ開発・実行にあたって，HEIB講座担当者，国際交流センターBCL担当者，そして何よりも参加した学生諸君の協力が不可欠であった，記して感謝する。

7) 35年間にわたって継続，女子学生比率の上昇により発展解消した女性消費者問題専門家（HEIB：HomeEconomistInBusiness）養成準備講座である。HEIB講座は有料課外講座で，学生は授業料以外に会費を納入し，週2回の企業人招待講演，春と夏の長期休暇を利用した会社・工場見学を兼ねた合宿に参加するものであった。くわしくは，出牛（2003）参照。

8) BCL（Business,CultureandLanguageProgram）プログラム及び専修大学国際交流センターに関しては，大林（2015）参照。

9）　留学生達が秋葉原や原宿などへフィールドワークに行く際に，後述するシティ・サファリを留学生用にアレンジしてSakaribaSafariという名称を利用してビジネス・サファリの前身といえるものを試行したこともあった。

10）　NHKの「ブラタモリ」のような番組を見せ，キャスティング，番組進行を参考に発表を番組仕立てにすることにより，単なるプレゼンテーションより興味深いものとなる。また，しばしば考現学的な番組を放映する，テレビ朝日の「タモリ倶楽部」は考現学的な企画が豊富で参考になる。

11）　ケビン・コスナー主演の映画「ダンス・ウイズ・ウルブス」が評価されており，コスナー扮する騎兵隊員がアメリカ・インディアンとの接触を通じて体験したカルチャー・ショックと自己変容の経験は人類学者がフィールドワークで経験するものと同様であり，かつ映画の中でコスナーがつけているメモは人類学者のつけるフィールドノートと同じであるとしている。ビジネス・サファリに出る前に，ビデオの視聴をさせて参考にすると良い。

12）　結果をまとめる際には，調査中に考えた様々なレベルや色々のタイプの見通しについて，その抽象度，理論やデータとの関係などを中心に整理し，それらの見通しの階層関係や相互関係から，主要な成果を明らかにすることが重要となると述べている。

13）　PCやスマートフォンの機能など，適切なソフトウエアやアプリケーションをインストールすれば，容易に作成することができる。動画の編集も可能であるから，テレビ番組仕立ての映像プログラムも作成することができる。

14）　2017年9月に京都で行ったビジネス・サファリでは，家計調査において京都市が日本で最もパンを消費する都市であることから，パン屋をターゲットとし，パン屋見学と人気パンの購入・実食を企画した。京都大学経済研究所の好意によりその施設を利用した経緯から，京都大学吉田キャンパス周辺，具体的には今出川通のパン屋20数店を候補とした。旅程上，平日の午後に徒歩で3時間ほど行った。結果として，京都のパン屋は小規模かつ早朝から営業するため，人気商品がほぼ売り切れ状態で，パン自体の調査は失敗といわざるをえなかった。購入することのできたパンの実食を行ったものの，人気パン入手の失敗もあり，ビジネス・サファリとしては未消化であった。一方で，パン屋の主人や従業員の余裕時間があったため，様々な聞き取りや新情報の入手という副産物があり，その副産物のいくつかは次の展開への貴重な情報となった。

［参考文献］

赤瀬川原平編（1986）『路上観察学入門』筑摩書房。

大林守（2015）「〈随想〉専修大学の国際交流に関する覚書」『専修商学論集』専修大学学会，
　　　第101号，pp.118-125。

加藤かおり（2016）「アクティブ・ラーニングとは」新潟国際情報大学FD。http://www.
　　　nuis.ac.jp/pub/common/pdf/2014/h26kato-fd.pdf（2017年9月15日アクセス）

加藤公明・和田悠（編）（2012）『新しい歴史教育のパラダイムを拓く―徹底分析！加藤公明「考
　　　える日本史」授業』地歴社。

神原理・大林守（2014）「創造的な思考と関係性を生み出すブレインストーミングの手法：
　　　アクティブラーニングのための思考トレーニング」『専修商学論集』専修大学学会，
　　　第98号，pp.131-153。

グーリー，トリスタン（2016）『日常を探検に変える』紀伊國屋書店。

小林茂雄・東京都市大学小林研究室（2010）『ストリート・ウォッチング―路上観察と心理
　　　学的街遊びのヒント』誠信書房。

今和次郎（1987）『考現学入門』ちくま文庫，筑摩書店。

佐藤郁哉（1992）『フィールドワーク書を持って街へ出よう』新曜社。

シェーファー，カロリン＆エリカ，フィールダー（1989）『シティ・サファリ―子供の都市
　　　探検のためのガイド―』都市文化社。

菅原和孝（2006）『フィールドワークへの挑戦』世界思想社。

出牛正芳（2003）「専修大学HEIB講座の歩み」専修経営研究所年報，(28)，pp.1-23。

永松靖典編（2017）『歴史的思考力を育てる―歴史教育のアクティブラーニング』山川出版社。

博報堂生活総合研究所（1990）『タウン・ウォッチング時代の「空気」を街から読む』PHP
　　　文庫。

藤巻幸夫（2010）『ビジネスパーソンの街歩き学入門』ヴィレッジブックス。

ベネッセ教育総合研究所（2016）『大学生の学習・生活実態調査報告書ダイジェスト版』ベネッ
　　　セ教育総合研究所。

# 第2章

# ビジネス・サファリにおける観察力養成
## ―『緋色の研究』から学ぶ―[1]

# 1 はじめに

　本小論の目的は，ビジネス・サファリ用の観察力を養成する補助プログラムを紹介することにある[2]。発見のためのビジネス・サファリを開発し，実践していく中で，参加学生の観察力の養成が課題となった。参加学生のモチベーションを維持するためには，「やらされ」感を払拭する必要がある。そのためには，学生の自主性を最大限に生かすことが重要である。ところが，これまでにも学校教育の中で，自然観察や体験学習（遠足，修学旅行，工場見学など）を経験してきたはずの学生達の中には，制約の少ない自学自習型のフィールド・アクティビティーであるビジネス・サファリに戸惑いを見せ，満足な成果が得られないケースが続出した[3]。このため，観察力そして仮説生成を促す補助プログラムを用意する必要性が生じた。

　以下では，シャーロック・ホームズの『緋色の研究』を素材にして，まず観察力を考える。そして，観察力及び仮説生成力を養成するための補助プログラムを紹介する。これらの内，3プログラムに関しては専修大学商学部における実行例を紹介する。最後はまとめと将来課題である。

# 2 『緋色の研究』から学ぶ観察力

　ドイルのシャーロック・ホームズシリーズは，探偵小説の古典であり，現代においても様々な形で繰り返し映像化されているので学生達にとって遠い存在ではない。作品の著作権が切れているので，原著も翻訳もインターネットで容

易に入手可能である。[4] ドイル（1887）によるシャーロック・ホームズ第1作の『緋色の研究』には，ホームズが初対面のワトソン博士に対して，彼がアフガニスタン帰りであることを言い当てて驚かせる有名なエピソードがある。

　初対面の場面，場所は病院の化学実験室，ワトソン博士の医師仲間がシャーロックに，「ワトソン博士だ」と紹介すると，ただちに「アフガニスタンに行ったことがありますね」と言い当てる。後に，シャーロックはこの時のことを文中で種明かししている。その内容を展開してみる。

**観察１**：英国紳士で医者らしい（病院の研究室で医師がドクター・博士として紹介），軍人らしい（雰囲気から見て）→英国軍医という仮説

**観察２**：顔が黒いが手首は白い（肌の黒さは日焼け・ロンドンは天気が悪いので日焼けする可能性は低い）→熱帯帰りだという仮説

**観察３**：やつれていて（顔を見て）負傷している（左腕に負傷）→苦難を経験という仮説

**最終仮説生成**：「英国軍医が熱帯で苦難を経験」という複合仮説として統合→アフガニスタン（ただし，アフガニスタンが当時の英国軍派遣先であるという既存知識を利用）

　コニコヴァ（2016）は，このエピソードを観察と仮説生成の好例として論考を加えている。それは，単に目に入るものを意識するという受動的な観察ではない。何をどのように見るかという，すなわち目の前の初対面の男は何者だということを知りたいという意志を持った積極的な観察である。そして，観察した情報に対して，的確な問いを投げかけ，自分の既存知識も動員し，問いによる情報を統合仮説としている。

　小説では，後段でワトソン博士が窓の外に頑強な男性を見つける。彼の観察では，簡素な服装の人物で，不安そうに地番を見ながら通りの向かい側をゆっくりと歩き，大きな青い封筒を手にしており，どうやら手紙を配達しているようだというものである。シャーロックは一瞥して，その男性が海兵隊の軍曹上

がりと指摘する。ホームズの観察と仮説は以下である。

**観察１**：彼の手の甲に大きな青い錨の刺青がみえる（海の香り）→海に関係という仮説

**観察２**：態度は軍人風（外見で判断）で，規定どおりの頬髯（髭に関する海兵隊規定に合致）→海兵隊員という仮説

**観察３**：尊大で指揮命令を出してきた（雰囲気），顔を見ると品のよい中年（退役・単なる兵卒ではなかった）→退役した軍曹という仮説（命令を出す軍人であるが，退役後に配達仕事をやっているから将校ではないし兵卒でもない）

**最終仮説形成**：海兵隊の軍曹上がりである。

　ワトソン博士が観察を怠っているわけではない。彼は見えるものをほぼ正確に叙述していることに注意が必要である。しかし，同じものを見ているシャーロックは，対象人物を積極的に知ろうとして，注意深く，問いを発しながら観察し，あるいは情報を選択しながら観察している。シャーロックは，注意力を持っているのである。

　観察を満足に行うには，注意力が必要である。しかし，注意力は稀少である。注意力の総量は限られているから，一方に注意を向けると他方への注意は落ちるというトレード・オフを持つ。したがって，コニコヴァ（2016）がいう，注意的見落とし（アテンショナル・ブラインドネス）あるいは注意深い非注意（アタンティブ・インアテンション）が起こるのである。このため，見ているはずなのに見ていないことが起こる。そして，こういった問題は，見るという行為に限定されず，五感すべてに共通する。

　行動経済学者のカーネマン（2014）は，我々はシステム１とシステム２を持っていると論じている。システム１は，直感的・本能的であり，システム２は論理的である。システム１は，無意識的であり，訓練することが困難である。しかし，負荷が小さく，車のアイドリング状態と似ている。したがって，認知を進めるためにはシステム２の論理的な働きを必要とする。注意力を発揮するため

には，システム1からシステム2への切り替えが必要となる。切り替えのためには，トリガーが必要である。何をどのように情報フィルターにかけるかが重要となる。

　ただし注意力を発揮とするといっても，五感の情報を常にすべて意識していると，脳はパンクしてしまう。通常はシステム1のアイドリング状態が必要なのである。注意力の発揮のためには，あるきっかけですばやくシステム2を起動することができるように訓練することが重要である。さらには，システム1の領域にシステム2を浸透させることができれば素晴らしい。

　観察力を高め，最終的に仮説を生成するには，選択力，客観性，包括性，積極的関与が重要となる。選択力は，流れ込む情報の中から，必要な情報を得るために的確な問いと選択を繰り返す力である。何気なく聞いている周囲の会話の中で自分の名前が出るとその会話に注意が集中することがあるだろう。これは自分のことを他人はどう見ているか知りたいという目的のため，常に情報にフィルターがかかっているので，自分の名前やそれに近いものが聞こえると自動的に注意が喚起されるわけである。つまり，目的意識を持ち，そのキーワード，匂い，風景，感触，味に反応するように心がけることが必要となる。気づくためには，何を知りたいかを事前に準備しておくことが重要なのである。

　客観性は，選択力のワナから逃れるために必要である。選択力があるということは，ある事実に限りある資源である注意力を配分することでもある。しばしば，ある目的意識を持つということは，見たいものや期待したものを見るために，事実を都合良く解釈して再構築してしまう思い込みのワナを持っている。そのワナから逃れるには，状況を解釈から分離して，見ているものと自分を分離させる必要がある。そのためには，事実のみにもとづいた状況の再構築が有効であり，観察をストーリーとして展開すると良い。

　包括性には，単一の感覚におけるものと，あらゆる感覚に関する2つのレベルがある。例えば，見るということに関しては，見えるものすべてだけではなく，その状況で見えないものにも着目するということである。つまり，不在は存在と同様な手がかりなのである。さらには，見るという感覚だけではなく，五感すべてを同時かつ連携させて動員することが包括性を保証することになる。

　積極的参加がないところに，良い観察は生まれない。ビジネス・サファリというフィールド・アクティビティーに学生が積極的かつ主体的に参加しなけれ

ば，単純なリクリエーションとしての散歩となってしまう。積極的参加が，問題の発見，問題解決の可能性を生むのである。システム2が働き，システム1を導くようになることが重要である。

　例えば，ある人物を観察するとしよう。まず，分類を行い，特徴を数えあげることにより，第一印象が形成される。この段階では，システム1でほぼ自動的になされる部分が多く，システム2はあまり関与しない。その人物をより深く知ろうとするならば，第一印象の修正が必要となるが，それが行われるのは特別な場合であり，積極的参加が存在する時のみである。例えば，その人物を採用するかどうかを決定する責任があるとすれば，第一印象の修正を行い，観察を深化させるのが自然である。そのためにはシステム2を意識的に起動する必要がある。以下では，学生達に，こうした観察力の発揮を促すプログラムを考える。

# 3 観察力養成のための補助プログラム

　以下では，10個のプログラムを紹介する。(1) は『緋色の研究』におけるシャーロックとワトソン博士の観察力の違いを考え，正しい観察力を考える。(2) は感覚力（五感）チェックリストで，フィールド・アクティビティー（ビジネス・サファリあるいはフォト・サファリ）において，行動経済学的システム1に終始しがちな学生達にシステム2への気づきを促すためのチェックリストである。(3) のWBプログラムは佐藤（2014）による新聞記事を素材に問いと理由を抽出するプログラムである。資料から仮説を生むという手法として捉えると有用である。(4) のSHOWEDプログラムは写真から情報を採取するために開発された手法で，何が見え（See），何が起こっていて（Happening），自分たちにどのように関係し（Our-selves），なぜそれが存在し（Why Exist），それに対して何ができるか（Do）を考えるものである。写真用ではあるが，資料やメモを素材にしても良い。(5) のビデオ視聴プログラムは，ビジネス・サファリの事前学習用にビデオを利用したプログラムである。ビデオから見る情報は当然として，その他の感覚力を想像する力も養成する。(6) は物語創作プログラムで，論理を積み上げてストーリーを作成することにより，仮説構成力を

養成する。問題なり事象を再現することの重要性を考えた場合，ストーリーとして再現することが有効であるという認識から，わかりやすいフレームワーク（型）を利用することにより，ストーリー作成を促すプログラムである。(7) の SCATプログラム（Steps for Coding and Theorization）は資料から情報を抽出する手法として開発されたものである。キーワードをきっかけとして，ストーリーとして情報を整理し，仮説を生成する有効な手法である。[8)]

　(8) 以降のプログラムに関しては専修大学商学部のゼミナールや講義における実行例があるので，それぞれのプログラムに関して付論を用意した。(8) JJ（Jane Jacobs）ウォーキングは，都市ジャーナリストとして有名なジェイン・ジェイコブズにちなんだ都市観察プログラムである。都市のインフラストラクチャー，街並みそして建物に着目するプログラムであるが，商品・サービス・消費者行動に着目するようにすればビジネス・サファリのウォーキング・プログラムとして利用できる。学生が，実際にJJウォーキングによるビジネス・サファリを神保町で行い，学生による学生のための神保町喫茶店ガイドを作成した実例を付論1につけた。(9) のオンラインで行うバーチャル商店街ビジネス・サファリは，コロナ禍のオンライン授業として開発・実行したプログラムであるが，観察力養成のプログラムとして利用できる。このプログラムを講義で行った際の学生提出物を付論2につけた。(10) のOCDカードプログラムはLupi & Posavec（2018）の（Observe, Collect, Draw: A Visual Journal）をベースにしている。身の回りの事象を選び，自分でデータを収集し，デザイン・コード化による可視化したグラフィックスを1枚のカードにまとめる。1枚のカードに情報を凝縮するため，定量的な観察力の養成に利用できる。学生による実行例を付論3につけた。

## (1) 緋色の研究の追体験プログラム
　第1節で紹介した『緋色の研究』を追体験するプログラムである。

1. 『緋色の研究』の読書を課題とする[9)]。時間の余裕のない場合は，必要箇所のみをコピーして配布する。
2. 初対面におけるホームズによるワトソン博士の観察と，観察からの仮説生成を記述させる。同様に，海兵隊上がりの軍曹のシーンにおけるそれぞれの観

察と，観察からの仮説生成を記述させる。

3. グループディスカッションで，対象者を入れ替えながら，対象者の音楽の好みや好きなスポーツなどプライバシー侵害に当たらないものを推理し，推理プロセスのメモを発表し，推理の正確さを競う。コニコヴァ（2016）のいう，対象者を知りたいという意志を持った積極的な観察を意識させる。

## (2) 感覚力（五感）チェックリストプログラム

行動経済学的に考えて，最も単純にシステム1から離脱するためにはチェックリストに頼る手がある。例えば，感覚力（五感）を動員して観察をする時には以下のチェックリストのコピーを用意する。観察になれるまでは，チェックリストにメモを取りながら，観察する。不在（ないこと）は存在（あること）よりも重要な情報となることから，それぞれ項目の最後の質問は不在を考えるものとなっている。

見る

　（ア）何が見えるのか

　（イ）誰が見えるのか

　（ウ）何がこの場所を特別なものにしているのか

　（エ）何人見えるのか

　（オ）何をしているのか

　（カ）この道，脇道，建物の良いところ・悪いところは何か

　（キ）上記の質問で「見える」のかを「見えない」のかに変えて考えてみる

聞く

　（ア）何が聞こえるのか

　（イ）静かか

　（ウ）うるさいか

　（エ）自動車・電車は，通行人の音は聞こえるのか

　（オ）上記の質問で「聞こえる」のかを「聞こえていない」のかに変えて考えてみる

嗅ぐ

　（ア）何の匂いがするのか

　（イ）良い匂いか

（ウ）くさい匂いか

（エ）嗅いだことのある匂いか

（オ）嗅いだことのない不思議な匂いか

（カ）上記の質問で「匂いがする」を「匂いがしない」のかに変えて考えてみる

## 触る（コンタクト）

（ア）周囲は動き回りやすいか

（イ）視覚障害者は歩き回れるか

（ウ）車椅子の人は動き回れるか

（エ）安全な場所か

（オ）活気があるか

（カ）話しかけやすい人はいるか

（キ）上記の質問の状況が「成立していない」のはなぜか考えてみる

## 味わう

（ア）何かおいしそうなものを売っているところはあるか

（イ）飲食店やコンビニは近いか

（ウ）気軽に入れる店はあるか

（エ）上記の質問の状況が「成立していない」のはなぜか考えてみる

## （3）WBプログラム

　新聞を利用して，興味のある記事をスクラップし，それから問い（Why）を考え，そして理由（Because）を生成するプログラムである。ここでは新聞に拘らず，メモ，資料，写真などから問いと理由（事実の裏付けが必要な場合は仮説）を生成するプログラムとして解釈することができる。

1. 対象となる記事・資料・写真を選択，提示する。
2. 問いを考え，リストにする。
3. 理由（事実の裏付けが必要な場合は仮説）を生成する。
4. 何らかの提案に結びつけることができれば記述する。

　図表2-1の表を埋めた上で，グループディスカッションでワークシートを発表

**図表2-1　学生の大学改革に対する関心度**

学籍番号　　　　　　　氏名

| 記事・写真・資料名 | |
|---|---|
| 1. 対象 | |
| 2. 問い | |
| 3. 仮説 | |
| 4. 提案 | |

出所：佐藤大輔（2014），新聞を使った「問い」と「仮説」プログラム，第8章，「創造性」を育てる
　　　教育とマネジメント：大学教育を革新するアカデミック・コーチングへ，同文舘出版より

**図表2-2　学生の大学改革に対する関心度**

学籍番号　　　　　　　氏名

| 資料<br>写真名 | See<br>見えるもの | Happening<br>事象・事実 | Our-lives<br>実生活との関係 | Why Exist<br>存在理由 | Do<br>行動・改善 |
|---|---|---|---|---|---|
| 1 | | | | | |
| 2 | | | | | |
| 3 | | | | | |

出所：筆者がビジネス・サファリ用にアレンジした

し合い，異なる問い，理由・仮説，提案をお互いに比較し，検討する。

## (4) SHOWEDプログラム

　このプログラムは，写真を分析するために開発されたもので，写真の中の情報を5つの視点から分析するものである。行動経済学的には，システム2を起動して写真から情報を抽出する手法であり，その5つの視点は以下となっている。

S：What do you see here ?（S：何が見えるのか）

H：What is really happening here?（H：何が起きているのか）

O：How does this relate to our lives ?（O：実生活とどう関係するのか）

WE：Why does this situation, concern, or strength exist ?（WE：なぜ，そういった状況は存在するのか）

D：What can we do about it ?（D：何をすることができるのか）

　図表2-2のSHOWEDワークシートを書き入れた後，グループディスカッショ

ンで情報共有し，議論する写真を数点選択し，共同で行動案ないしは改善案を
考える。

## (5) ビデオ視聴プログラム

　ビデオ視聴による観察力養成プログラムである。学生が興味を持ちそうなビ
デオを用意して視聴してもらう。あらかじめ質問事項を書いた紙を配布してお
き，メモを取るように指示する。ビデオは，ある特定の場所や環境において，
主役，脇役，敵役が明確で，何らかの問題を解決しようとしているシーンを利
用すると良い。

　準備した15分程度のビデオを流す。配布した質問票にメモを取りながら，注
意深くビデオ鑑賞するように指示する。

**ビデオによる観察力養成プログラム用質問票**
1. 何が起こっているのか
2. どのような場所，どのような状況か
3. 問題はどのように解決されるのか
4. 主人公はどのような人だと思うか，なぜそう思うのか
5. 脇役はどのような人だと思うか，なぜそう思うのか
6. 敵役はどのような人だと思うか，なぜそう思うのか
7. 匂いを感じるシーンはあるか
8. 味を感じるシーンはあるか
9. 温度，触感や気配を感じるシーンはあるか

　グループディスカッションでお互いの答えをチェックし，見逃しや，思いつ
かなかった点など相違点を議論する。グループでストーリーを再構築する。再
度，同じビデオを見せ，自分たちで作成したストーリーと比較させる。

## (6) 物語創作プログラム

　ビデオ視聴プログラムでは，既成のストーリーにおける事象や問題を再現し
てみるものであった。逆に，物語創作プログラムでは，観察したものから，物

語を創作することにより。自由に発想を展開することにより，想像であっても
論理を積み上げて仮説を生成する訓練を行う。

　寓話のフレームワークは以下のように構成されているものが多い。
昔むかし……（これまでの話）
毎日……（より詳しい話）
ある日……（変化やイノベーションが起こったときの話）
そうしたら……（結果の話1）
ああなって……（結果の話2）
こうなって……（結果の話3）
ついには……（ヤマ場，クライマックス）
それ以来………（締めくくり）

　例えば，犬を怖がる人を見たとしょう。すると，次のような寓話を作成する
ことができる。

　昔むかし，犬恐怖症の人々がたくさんいる国がありました。
　毎日，犬に出会うのではないかと恐れるがあまり，引きこもりになっていま
した。
　ある日，犬が猫に見える安価な眼鏡が発明されました。
　そうしたら，犬恐怖症の国民は眼鏡を利用し，犬を見ないですむようになり
ました。
　ああなって，犬が見えないので外出できるようになりました。
　こうなって，いろいろな社会的な楽しみができるようになりました。
　ついには，犬恐怖症の人は，普通の国民と生活ができるようになりました。
　それ以来，全国民が幸せに暮らしました。

　上記のような寓話ではなく，ある程度の事実をベースにしたナラティブ創作
も可能である。例えば，より簡便な手法としては，4コマ漫画のように，起承
転結での創作を考えることができる。

起：ある国の国民は，年1回の納税の計算で苦しんでいました。

承：納税額が正しくないと高額な追徴税がある上に，1年分のたくさんの領収書を費目別に整理・集計しないと，税控除が受けられないため高額な税金を納めることになってしまうからです。

転：ところがある日，ゲームマシンだと思っていたパソコン用に表計算ソフトが売り出され，毎日，領収書の情報を入力していけば，税金の計算が簡単にできるようになりました。

結：簡単に適正な税金を納めることができるようになり，国民の生活の質が向上したのでした。

　グループディスカッションでお互いの物語を紹介し合い，相互にコメントする。論理展開に漏れや誤りがないかを確認し，より良い物語にする案を議論する。

## (7) SCATプログラム（Steps for Coding And Theorization）

　SCATプログラムは，収集した資料や写真を表形式にまとめることによりコード化と理論付けを容易にする手法である。ある調査資料に対して，第1段階として，以下の4つのステップで分析を進める。

1. 写真や資料の中の着目すべき語句を考えて記入
2. それを言い換えるためのデータ外の語句を考えて記入
3. それを説明するための語句を考えて記入
4. そこから浮き上がるテーマ・構成概念を記入

　第2段階として，テーマ・構成概念を利用してストーリー・メイキングを行う。ストーリーラインを記入し，仮説生成を行い記入する。

　この手法は，比較的小さなデータの分析でも利用でき，初学者でも取り組み

**図表2-3　SCATワークシート**

|  |  | 学籍番号 |  | 氏名 |
|---|---|---|---|---|
| 資料・写真 | 着目すべき<br>事実・語句 | 言い換えるための<br>データ外の概念 | 説明するための<br>語句 | 浮き上がる<br>テーマ・構成概念 |
| 神保町・古<br>書店街写真 | 道の両側に古書<br>店，シアター，<br>大規模新刊本書<br>店，客層は男性<br>で中年以上 | 同業者，文化，<br>顧客の高齢化 | 集積の利益，競<br>争と集積 | なぜ神保町に古書店<br>の集積があるのか，<br>きっかけ，発展，ビ<br>ジネスモデル，継承，<br>生き残り |
| …… | …… | …… | …… | …… |

| ストーリーテーマ：週末の神保町雑感 |
|---|
| ストーリーライン：<br>　休日なので，神保町にでかけた。地下鉄の神保町駅のA6出口は，ミニシアターの草分けである岩波ホール入り口で，地上へ出ると神保町の交差点である。岩波ホールは2022年7月に閉鎖となるそうだ。靖国通り沿いに古書店が建ち並ぶ。古書店は，専門がある古書店，一般書の古書店，古美術の店もある。特価本が店先に並べられ，顧客が立ち止まって，渉猟している。顧客の年齢は高いが，若い顧客も混じっている。お昼時になったので，ランチョンに入り，ビールと洋食を食べる。さらに古書店を回っていると，関西のお笑いの劇場があった。お茶の水に近くなると，急にスポーツ用品店と楽器屋が並ぶようになり，客層が若返る。小腹が空いたので，神田須田町のまつやでゴマ蕎麦をたぐろうと入ったところ，冷やで一杯やっている常連がいた。あんこう鍋，軍鶏鍋屋，洋食屋，甘味処と須田町は変わらない姿を残している。そのまま足を伸ばし，神田明神にお参りし，秋葉原に出る。アキバは，もう電気街とはいえない雰囲気である。ゆっくりと神田駅に向かい，昔ながらの赤提灯で一杯やって帰宅した。 |
| 仮説：神保町古書街は静かに衰退する |
| さらに追求すべき点・課題：<br>　顧客層の高齢化の影響，ネットショッピングが増加する中で古書店街ビジネスモデルは生き残れるのか。ミニシアター閉鎖は時代の象徴か？新しいビジネス機会はあるのか？若い顧客層を呼び込めるのか。事業継承はできているのか？変化が少ない須田町，変化が激しいアキバ。ウィークデーの状況は？九段下，飯田橋，神楽坂，水道橋，お茶の水，神田駅周辺との地域特性・機能の棲み分け・競合はどうなるのか。 |

出所：筆者がビジネス・サファリ用にアレンジした

やすいものとされていることから，ビジネス・サファリ用にアレンジした。図3は，神田神保町の古書店街を事例としたワークシートである。

## (8) JJ（Jane Jacobs）ウォーキング

　都市を論じたジャーナリストのジェイン・ジェイコブズにちなんだ都市観察

プログラムである。都市論者であることから，インフラストラクチャー，街並み，構築物に着目するのが特徴であるが，ビジネス・サファリでは構築物を店舗，商品，サービスなど対象を置き換えて実行することができる。

　都市のインフラストラクチャーに着目し，機能を考える。例：マンホールの写真を撮り，それらの下に何があるのか，それはどういう機能を果たしているのかを考える。

1. 着目する地点（対象）を選択する。ランドマーク地点や特定の地点や道路などを選択し，写真を撮り，選択した理由を記録する。
2. 着目地点（対象）の定点観察を，時間を変えて行う。時間を変えて観察，観測時刻，天候，土地利用，通行人行動・活動観察地点のその時点の雰囲気（安全，うるさい，心地よいなど）を記録する。
3. 着目地点（対象）周辺の土地利用を観察し，記録する。
4. 着目地点（対象）自体，あるいは近隣にある興味深い建物（対象）を選択し，理由を記録する。昔と現在で利用法は変化しているか，改築や拡張は行われたかを記録する。
5. 着目地点を中心とした数ブロック内の探査を行う。数本の脇道を含むブロック範囲を選択する。さらに，始点と終点を決定する。範囲内で始点から終点にいたる複数の経路を調べ，経路ごとに実際に歩き，どんな経験をしたかを記録する。複数の経路を比較した上で，空間としてのブロックの機能をまとめる。道や脇道で感じる良い点と悪い点は何か，建物で良い点と悪い点は，公園や空き地の良い点と悪い点は何か，安全か，活気はあるかを観察する。
6. 成果をまとめて発表する機会を積極的に作り，実際に発表する。

　着目地点（対象）あるいはその街全体を改革するのは誰かを特定し，特定した責任者に対して改善案を提示するつもりで提案書を作成する。もちろん，実際に機会を作って改善案を実際に提出することができれば，さらに良い。

　付論1に実例として，専修大学商学部大林ゼミナールの2019年度ゼミ生が行った神保町のビジネス・サファリは，神保町の喫茶店を対象としたビジネス・サファリはJJウォーキングと近く，最終的には実際に，冊子を印刷し，配布した。

## (9) オンラインで行うバーチャル商店街ビジネス・サファリ

　オンラインは，実体験を重視するビジネス・サファリと矛盾する。しかし，長期にわたるコロナ禍の下，学生達に多くの人間が行き交う「街」を歩き回り，色々な店舗の中を見て回ることを要求することは困難である。そこで開発したのが，このバーチャル商店街ビジネス・サファリである。2021年度の専修大学商学部マーケットアナリティクス入門（1・2年生用専門科目）の実例を紹介する。付論2には，学生の提出物から抜粋した実行例を提示した。

　実際には，グーグルクラスルームの課題として出題した。あらかじめ，課題には，商店の業態や街の特徴型を紹介する課題説明文と，YouTubeに公開された商店街のオフィシャル動画やYouTuberによる街歩きビデオのリンクを提示した。学生達は，授業時間に特定の商店街を選択し，ビデオを通視聴し，早回し，停止などにより店舗を数え上げ，商店街マップを作成し，その商店街が何型かを判定する。

### ＜実際の出題課題＞

課題名：バーチャル商店街ビジネス・サファリ

　商店街のビデオを観て，商店の種類や立地を調べ，どのような特徴を持つ商店街かを判定する課題です。YouTubeの商店街紹介ビデオや商店街めぐりの動画のリンクがありますから，それを視聴し，課題を実行して下さい。残念ながら，コロナ禍で本来のビジネス・サファリのように五感を駆使することはできません。ビデオを観て，想像力を働かせて下さい。

### 手順

1．YouTubeのリンクがあります。興味を持った商店街を選択して下さい。

2．説明文に，博報堂生活総合研究所（1990）のタウンウォッチング用の店舗の業態による分類と商店街の特徴による分類を紹介します。

店舗の業態：
　　A　生活密着型のウィークデーショップ（スーパー・コンビニなど）
　　B　生活充足型のウィークエンドショップ（スポーツ用品店など）

C　高主張型のニューライフスタイルショップ（インテリアショップなど）

D　高感度型のエキサイティングショップ（ビレッジバンガードなど）

E　情報発信型のハイテクショップ（アップルストアなど）

F　超流行型のハイグレードショップ（高級ブランドショップなど）

G　流行先端型のハイファッションショップ（セレクトショップなど）

H　多趣味型オタクショップ（フィギュア・ゲーム関連ショップなど）

I　環境対応のリサイクルショップ

J　分類不能

**商店街の特徴：**

コミュニティー型，ウィークデー型，ウィークエンド型，ファミリーニーズ型，パーソナル型，ハイクラス型，環境コンシャス型

3.　一度，商店街の動画を通しで視聴して下さい。次に，動画の再生速度を調整しながら，店舗業態を数え上げ，データを取り，簡単な商店街マップを作成して下さい。

4.　店舗のデータを集計・可視化し，商店街の特徴を最もよく描写する型を選択し，あなたの発見・気づきをコメントして下さい。

学生によるバーチャル商店街ビジネス・サファリの成果を抜粋し，付論2とした。

## (10) OCDカードプログラム

Lupi & Posavec（2018）のObserve, Collect, Draw: A Visual Journal（以下OCDカード）の手法を応用することにより，ビジネス・サファリの報告をコンパクトに1枚のカード（インフォグラフィックス）として作成する，定量的な情報を凝縮する作業により，新たな発見や気づきを促すことが可能となる

2014年，Dear Dataという興味深い試みがあった。ロンドンとニューヨークに住む2人の女性が身の回りからテーマを決め，観察し，データを取り，それを手書きでデザイン・コード化し，図解したデータ絵日記カード（インフォグラ

**図表2-4　Dear Dataの第5週のLupiのOCDカードの表裏**

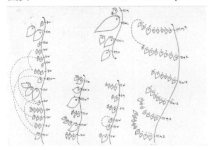

出所：http://www.dear-data.com/theproject

フィックス）を作成し、お互いに郵便で送り合うことにした。1年間52回 x 2枚のデータ絵日記カードは、ウエブ上に公開、Lupi & Posavec（2016）として出版した。さらに彼女たちは、Lupi & Posavec（2018）で、その手法をOCDカードとしてまとめた。

　図表2-4のカードは、第5週のLupiによる飲食購入の記録である。図の縦に伸びる枝は、買い物カテゴリーを示している。ここでは、下方の左から3番目の枝のみを見ておく。この枝は、カフェで飲み物を購入したことを示している。葉の大きさは支払った金額を示し、葉上の点の色は飲み物の種類を示している（原図では、緑はソーダ、赤はビール、茶はコーヒー・紅茶、黒はカクテル、青はフレーバー炭酸水）。枝から横に並ぶ葉は、同時に購入したものである。枝を横切る線は、購入方法（1本は自分、点線は友人におごる、青線はボーイブレンドのおごり）を意味する。枝の右横の縦棒は、店員のサービス評価で1本は悪い、2本は普通、3本は良いである。その横のオタマジャクシの尻尾が下からはねている場合は現金での支払い、逆はクレジットカード払いである。葉から出ている点線は同じ店であることを示している。

　つまり、この週の最初のカフェでの買い物は、ビールを数杯とフレーバー炭酸水を飲んだ。店員の印象は悪く、自腹で現金で支払った。次にカフェに行った時は、コーヒー・紅茶を買った。同じ店で友人にコーヒー・紅茶をおごった。店員は感じがよかった。支払いはどちらも現金だった、という具合である。

　買い物の変数を、①購入場所（外のカフェなど）を縦の枝、②購入金額を葉の大きさ、③購入商品種類を葉の上の点の色、④同時購入種類を葉の枚数、⑤

支払い方法は枝を横切る横棒数，⑥店員評価を短い縦棒，⑦支払い手段をオタマジャクシの向きで示している。

このようにコンパクトにカード化することによって，情報は蒸留され，エッセンスを抽出することになる。この作業により，新たな発見や気づきが促されることになる。

OCDカード法のアイデアは，以下のようにまとめることができる。

1. 身の回りにデータとして数値化することのできるものはたくさんあり，それを意識し，可視化することが重要である。
2. ごく単純なことでも質問をすることが出発点である。何を知りたいか，何を調べたいかを考える。例では，自分が今週何を飲んだか？
3. 中心となる質問から，詳細を考え，どのような変数をどのように数値化してデータをとるかを考える。例では，なぜ飲むかは別にして，何を，どこで，誰と，どれだけ，どのように飲んだかという4W1Hをデータ化している。
4. データを，数え上げ，集計し，デザイン・コード化し，図解を考える。
5. 図解とコード説明文をカードとして作成することより，単に集計するだけでなく，細部を虫の目で見て，全体を鳥の目で見ることにより，新たな発見や気づきを考える。

近時，コロナ禍で，ビジネス・サファリを実地に行うことが困難であったので，宿題課題として，あらかじめ学生個人に立地の異なる3台のドリンク（飲み物）自販機の資料（スマホで写真）を撮影させた。Dear Dataの例を説明し，講義時の課題として，自分で撮影した3台の自販機の写真から，立地，商品構成，価格に関してのOCDカードを作成し，発見や気づきをコメントするように指示をした。本来，カード作りはアナログな作業であるが，オンライン授業であったため，グーグルクラスルームで課題を出し，グーグルの図形描画かJamboardで作成することにした。付論3で，2021年度の専修大学商学部マーケットアナリティクス入門（1・2年生用専門科目）の実例を紹介する。

## ＜学生に対する課題の提示＞

### A.事前準備

1.　自販機ビジネス・サファリを行う。来週までにスマホで飲み物（ドリンク）の自販機を3台撮影する。その際に，自分の生活圏内の異なる立地を選ぶ。例えば，駅構内，駅前商店街の中，自宅近くの路上で3台である。商品構成や価格がきちんと記録されているか確認し，安全のため1台につき複数の写真を撮影する。特に価格の液晶表示は写りにくいので注意する。

2.　配布したDear DataとOCDカード作成の資料を読み，理解しておく。

3.　自販機ビジネス・サファリとして，OCDカードを作成する。
   - 観察（Observe）：撮影した3台の自販機の，立地，商品構成，価格，機能などの切り口（変数）の候補を考える。
   - 集計（Collect）：変数（飲み物の種類，本数，内容量，色，価格など）を数え上げ，集計する。
   - 図解（Draw）：変数をデザイン・コード化し，図解する。OCDカード法を通して，自販機ビジネス・サファリを行ったことからの，新たな発見や気づきを考え，文章化する。

　備考：OCDカードは手書きが基本だが，コロナ禍のオンライン授業なので，グーグルクラスルームの図形描画あるいはグーグルJamboardのどちらか一方を使って，3つの自販機の立地場所のマップを含め，OCDカードを作成する。
　章末付論として，2021年度後期のマーケットアナリティクス入門の講義で行った自販機ビジネス・サファリにおける実例を掲載した。1週目に宿題課題として，自販機撮影とOCDカード法の資料配布，2週目の講義時間90分間を使ってOCDカード作成を課した成果である。

# 4 まとめと将来課題

　本小論では，観察力と仮説生成力の養成を主とした補助プログラムを紹介した。どれをどのように採用するかは，学生達の習熟度や対象となる地域，対象となる財・サービスなどにより使い分ける必要がある。学生達の自主性を損なわないように負荷をかけることは常に困難であるが，ビジネス・サファリを成功させた学生達の満足度は非常に高いことから，ここで紹介した方法をうまくアレンジして，観察力を養成し，優れた仮説生成を促すことが肝要である。

　ビジネス・サファリは，発見，仮説生成段階から，次のステップとして「検証」を目指している。検証手法自体の開発，そして検証力養成の補助プログラムの用意が将来課題である。

## 付論1 神保町の喫茶店

　専修大学商学部は，2020年4月より，川崎市の生田校舎から神田神保町の新校舎に移転した。このパンフレットは，2019年度の大林ゼミナールの学生が，移転前に神田キャンパス周辺の喫茶店やカフェをビジネス・サファリした成果である。自分達を含め，神田神保町にはじめて通学する学生達の憩いの場となるであろう喫茶店やカフェの使い心地をスマートフォンを活用し，調べてまとめたものである。

**図表2-5　付論1：神保町の喫茶店**

SENSHU UNIVERSITY

# 神保町
# 喫茶店

ちょっと寄りたい、大学近くの喫茶店集

大林ゼミナール

## はじめに

　専修大学商学部は2020年4月より生田から神田へとキャンパスが移転することになりました。それを受け大林ゼミでは、神田キャンパスの学生に向けて、周辺の喫茶店を調べました。
　ここに掲載されている店舗は一部ですが、少しでも皆さんのキャンパスライフに役立てれば幸いです！

大林ゼミナール

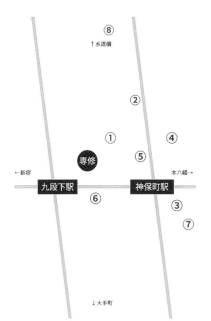

①

# カンダコーヒー

大学から徒歩4分

営業時間：月～日7:00～18:00

## 図表2-5の続き

コーヒーがメインのレトロな喫茶店
店内はこじんまりしていて落ち着ける
夕方は空いているため狙い目か？

②
白十字

大学から徒歩6分

営業時間
月～土10:30～21:00

③
ラドリオ

昔ながらの喫茶店

席数も多く店内は広い

## 図表2-5の続き

大学から徒歩8分

営業時間
月～金11:30～22:00
土日12:00～18:30

店内はレトロで落ち着
いた雰囲気
カレーなどの料理もあ
り

④
# DIXANS

大学から徒歩8分

営業時間
月～金8:00～20:00
土日11:00～18:00

静かな雰囲気のお店

勉強や読書にもってこいのお店

⑤
# きっさこ

大学から徒歩7分

営業時間
月～金12:00～20:00
土日12:00～18:00

図表2-5の続き

焼き菓子とともにジャズを堪能できる

ゆったりと過ごせます

## ⑥ プロント 九段下店

大学から徒歩1分

営業時間
月～金7:00～23:00
土　9:00～23:00
日 11:00～17:30

新キャンパス
の目と鼻の先

日中は喫茶店
に、夜はバー
になるお店

## ⑦ ペーパーブック カフェ

大学から徒歩7分

営業時間
月～日 10:00～17:45

平日
11:30～13:30
はパソコン使用
禁止のため要注
意

**図表2-5の続き**

本屋併設のブックカフェ

買った本をそのまま読むことができる

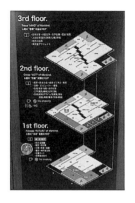

お店は3階建て

カウンター席も設けておりWI-FIも利用できる
課題をやるためにちょうど暮らしいくのもあり
では？

# ⑧ ムーミンカフェ

営業時間
月～金9:30～22:30
土日 8:00~22:30

キャンパスから少し離れている

しかしとても癒される

付論２：バーチャル商店街ビジネス・サファリ実例

　図表2-6の図-1から図-3はグーグルJamboardによる実例，図-4から図-6はグーグルスプレッドシートによる実例である。学生の提出物から氏名を削除し，掲載のため最低限のグラフ位置などの調整は行ったが，記述内容には手を加えていないため，誤字脱字，間違いなどが残っている場合がある。

**図表2-6　付論２：バーチャル商店街ビジネス・サファリ実例**

図-1　万松通り商店街

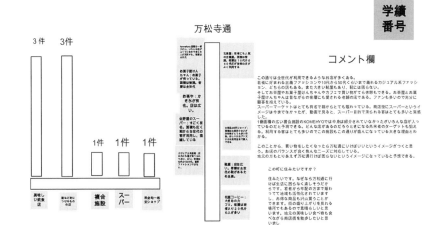

**図表2-6　付論2：バーチャル商店街ビジネス・サファリ実例**

図-2　下北沢商店街

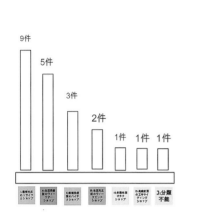

商店街

この商店街は、IやAの立地が多く、生活密着型である。全体的に、リサイクルショップやウィークデーショップが多く点在する。また、ハイテクショップが複数存在し、老若男女が集まる商店街である。

北は、駅があり、近くに銀行がある、住宅街である。

南は、リサイクルショップやウィークデーショップが集中している。

学績番号

図-3　戸越銀座商店街

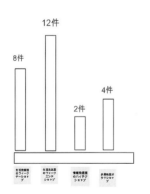

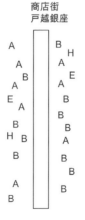

商店街
戸越銀座

学績番号

コメント欄

下町のイメージが強い商店街だったが、実際に動画を見てみてその印象が間違っていないことに気づいた。

意外にもデイリー商品より週末向けのお店が多く、外国人向けの観光スポットになっているようにも感じた。

実際、コメント欄も英語の書き込みばかりで、外国人が興味を惹かれる街並みであるように思った。

住みやすい雰囲気を壊さず、外国人向けのお店もさらに展開すれば活性化が進むのではないかと感じた。

## 図表2-6の続き

### 図-4　砂町商店街

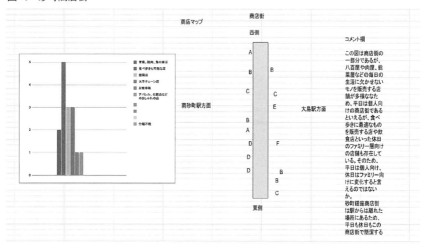

### 図-5　下北沢商店街

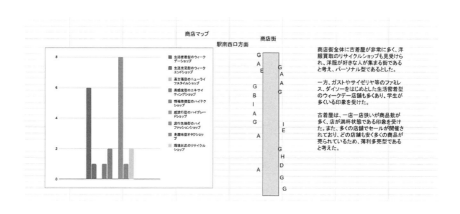

**図表2-6の続き**

図-6　六角橋商店街

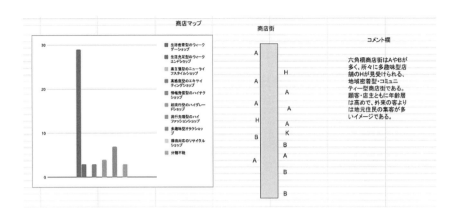

## 付論3：学生による自販機ビジネス・サファリのOCDカード実例

　学生例の1～4はグーグルクラスルームの図解描画利用，例-5はJamboard利用。学生の提出物から氏名を削除し，掲載のため最低限のグラフ位置などの調整は行ったが，記述内容には手を加えていないため，誤字脱字，間違いなどが残っている場合がある。

## 図表2-7 付論3：学生による自販機ビジネス・サファリのOCDカード実例

学生例-1

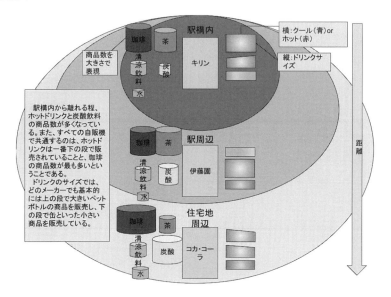

学生例-2

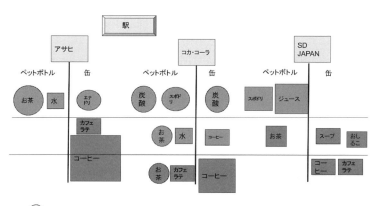

## 図表2-7の続き

学生例-3

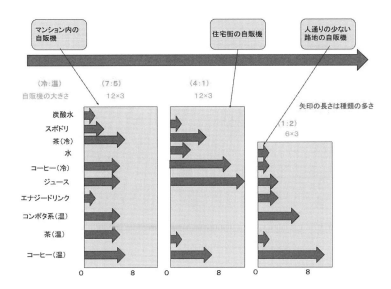

学生例-4

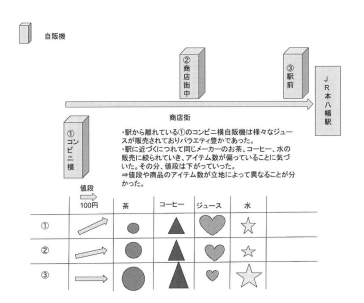

## 図表2-7の続き

学生例-5

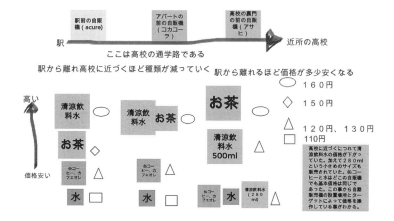

[注記]

1) 本研究は2019年度専修大学商学研究所の共同研究助成を受けている。

2) 発見のためのビジネス・サファリは大林・神原（2018）を，スマホを活用したビジネス・サファリは大林（2019）参照。

3) フィールドワークあるいはフィールド・リサーチという言葉ではなく，フィールド・アクティビティーとしたのは，ワークあるいはリサーチ以前の段階をターゲットとしているからである。

4) コンプリート・シャーロック・ホームズ（全訳）緋色の研究
   https://221b.jp/1-stud.html（2022年1月30日アクセス）

5) Observe!
   https://static1.squarespace.com/static/5060d23be4b06abda6efeeeb/t/5c50a1197924e815f97
   2c493/1548787995457/Observe+India_Five+senses+guide.pdf（2022年1月30日アクセス）

6) SHOWED method.
   http://www.serviceandinclusion.org/conf/SHOWeD%20.pdf（2022年1月30日アクセス）
   本稿に沿うようにアレンジをした。

7) Your story is your destiny.
   https://tseelig.medium.com/your-story-is-your-destiny-tell-it-well-414bd5cd988c（2022年1月30日アクセス）

8) SCAT法は以下のホームページにくわしい。https://www.educa.nagoya-u.ac.jp/~otani/scat/#09（2022年1月30日アクセス）

9) インターネットでダウンロードするのが最も効率的である。探偵小説として楽しむことも重要であるが，観察と仮説生成に関して考えるプログラムである。この小説は2部仕立

てで，現課題に関して重要なのは第1部であるが，作品を十分楽しむことも重要である。

## 必要箇所の抜粋

https://221b.jp/1-stud.html（2019年6月1日アクセス）

（文中「僕」がシャーロック・ホームズ，したがって，「君」はワトソン博士である）

（中略）君と初めて会った時，僕が君はアフガニスタンから戻ってきたといったら，君は驚いたようだった」

「きっとそう聞いていたんだろう」

「とんでもない。僕は自分で君がアフガニスタンから来たとわかった。長い間の習慣になっているから，僕の心に浮かぶ思考の連鎖は非常に素早い。僕は中間の段階を意識することなく結論を導き出している。しかし，それでも段階は踏んでいるのだ。推理の連鎖はこうだ。『医者っぽいタイプの紳士がいる。しかし軍人のような雰囲気がある。ということは，明らかに軍医だ。彼は熱帯から来たばかりだ。彼の顔は黒い。しかしそれは彼の肌の自然の色合いではない。手首は色白のためだ。彼は苦難と病気を体験している。彼のやつれた顔が明白に語っている。彼の左腕は傷ついている。彼はこわばった不自然な方法で固定している。熱帯のどの場所が，ある英国軍医に，こんな苦難と腕の傷を与えうるか。明らかにアフガニスタンだ』全体の思考の連鎖は一秒とかからなかった。その後，僕は君がアフガニスタンから来たといった。そして君は驚いた」

（中略，以下，「私」はワトソン博士）

「あの男は何を捜しているんだろうな？」私は頑強な男を指差して尋ねた。その男は簡素な服装の人物で，不安そうに地番を見ながら通りの向かい側をゆっくりと歩いていた。男は大きな青い封筒を手にしており，どうやら手紙を配達しているようだった。

「あの海兵隊の軍曹上がりのことか？」シャーロック・ホームズはいった。

（中略）「シャーロック・ホームズさん宛てです」彼は部屋に入って来て，ホームズに手紙を渡しながらいった。

これは彼の鼻を折る，絶好の機会だった。彼はさっきのデタラメをいった時，こんな事になるとはまず思っていなかったはずだ。「ちょっと訊いていいかな」私は非常に穏やかな声でいった。「君の仕事は何かな？」

「便利屋です」彼はぶっきらぼうにいった。「制服は直しに出していて，着ていませんが」

「元の職業は？」私は同居人にちょっと意地悪な視線を向けて尋ねた。

「軍曹です。英国海兵隊軽歩兵です。手紙の返事はありませんか？　わかりました」

彼は踵をカチッと合わせ，手を挙げて敬礼し，出て行った。

（中略，以下はシャーロックの発言，「君」はワトソン博士）「それでは，君は本当にあの男が海兵隊の元軍曹だという事がわからなかったんだな？」

「もちろんだ」

「推理そのものより，どうやって推理したかを説明する方がややこしいな。もし君が二足す二が四になることを証明してくれといわれたら，それが間違いのない事実だとわかっていても，ちょっと困るだろう。通りの向こう側にいても，彼の手の甲に大きな青い錨の刺青が見えた。それは海の香りがする。しかし態度は軍人風で，規定どおりの頬髯だ。これで海兵隊員だとわかる。彼はちょっと尊大で，指揮命令を出してきた雰囲気がはっきり残

っている。君も，あの男の胸を張った姿勢と杖を振る仕草を見たはずだ。顔を見れば落ち着いた品の良い中年の男であることもわかる，——これら全てから僕は確信した。彼はかつて軍曹だった」

[参考文献]

Dear Data, http://www.dear-data.com/theproject, (2022年1月22日アクセス)

Lupi, Giorgia & Stefanie Posavec（2016）, *Dear Data*, Priceton Architecutural Press.

Lupi, Giorgia & Stefanie Posavec（2018）, *Observe, Collect, Draw – A Visual Journal*, Princeton Architectural Press.

大林守・神原理（2018）「発見のためのビジネスサファリ：ビジネス教育用アクティブ・ラーニング手法」『専修商学論集』専修大学学会，第106号，pp.41-62。

大林守（2019）「スマートフォンを活用したビジネスサファリ：都市型フィールドワーク入門のための一技法」『専修商学論集』専修大学学会，第108号，pp.85-92。

カーネマン，ダニエル（2014）『ファスト＆スロー（上）あなたの意思はどのように決まるか？』ハヤカワ・ノンフィクション文庫，村井章子（翻訳）。

コニコヴァ，マリア（2016）『シャーロック・ホームズの思考術』ハヤカワ・ノンフィクション文庫，日暮雅通（翻訳）。

ドイル，コナン（1887）『緋色の研究』https://221b.jp/1-stud.html（2019年6月1日アクセス）

佐藤大輔（2014）『新聞を使った「問い」と「仮説」プログラム第8章，佐藤大輔編著，「創造性」を育てる教育とマネジメント：大学教育を革新するアカデミック・コーチングへ』同文舘出版，pp.173-200。

博報堂生活総合研究所（1990）『タウン・ウォッチング』PHP文庫。

第 **3** 章 ・

# CMサファリ
## ―映像を通した観察力の養成―

## 1 はじめに

　本章は，第2章「ビジネス・サファリにおける観察力養成―『緋色の研究』から学ぶ―」で大林が提唱した手法をもとに，テレビコマーシャル（CM）を活用して学生たちの観察力の養成を試行したものである。

　CMウォッチング（CM観察や分析）自体は真新しいものではない。登場人物や商品の諸特性，台詞や背景などの諸要素を映像から分析し，企業の意図や時代背景を読み解く内容分析の手法は過去に数多く見られた。これは，対象となるCMとは一定の心理的距離をおいた客観的な手法といえる。本章で試行する「CMサファリ」は，CMを商品や消費生活に関する様々な「ビジネス情報があふれるフィールド」と見なし，そうした情報の渦に敢えて飛び込み，そこでの「探検（観察）」から得られる様々な「感覚」や，「共感・違和感（反感）」といった感覚的情報を記録することで，客観的な内容分析とは異なる経験的な体験を得ようとする手法である。

## 2 CMサファリ

　以下では，CMサファリの具体的な手順を紹介していく。

### 2-1　CMサファリの手順

　CMサファリとは，コマーシャル・フィルムを見ながら，登場人物や商品特

性を記録するだけではなく，映像に表れる人物や商品，建物，音声，映像から推測される香りや味，触覚，感情や愛情など，「自分がその場にいるような感覚」を抱きながら状況を記録し，ストーリー全体を把握していく手法である。

　CMサファリの題材としては，日常的に慣れ親しんでいる食品や外食関連のCMで，かつストーリー性のあるものを利用するのが望ましい。お菓子やカップ麺を美味しそうに食べるシーンや，家庭やレストランで食事をしているシーンなどを描いたCMが望ましい。それらは，30秒から1分程度の短いストーリーなので，商品を通した世界を容易に理解しやすいことと，企業の意図する生活像を汲み取りやすいからである。こうしたCMは，YouTubeなどweb上で容易に見つけられるだろう。

　CMサファリの作業手順は以下のとおりである。

(1) これから，CMを見ながら感覚を研くための作業を行うことを伝える。

(2) 図表1の「CMサファリ・シート」を配付し，学籍番号と氏名を記入してもらう。

(3) 設問①〜⑥までを読み上げながら作業内容を確認した上で，これから流すCMを見ながら空欄に回答（自身が感じたこと）を記入していくよう指示する。この作業は必ず自分1人で行い，作業中は他の学生と相談したり，私語をしたりしないよう注意する。

(4) CMを流し，学生はそれを見ながら各項目に記入していく。

(5) 終了後，10〜15分間の時間をとって追記できるようにする。この間も学生同士の会話は禁止する。ただし，CMは1回だけ流す。

(6) すべての項目が十分に記入できていない学生がいても，15分経過した時点で作業は終了する。これは，15分以上の時間をとってもほとんど追記されることはないという，これまでの経験値を踏まえた見解である。

(7) 4〜5人のグループになって，どのようなCMだったのか，グループで話し合いながら全体のストーリー展開を確認する。その後，互いの回答を①から順にチェックしながら，それぞれの感じ方の違いや，自分が気づかなかったことなどを話し合う。大人数のクラスの場合は，隣や前後の生徒同士で話し合うようにする。

(8) 同じCMを再度流し，自分自身が気づかなかった点や，グループでまとめたストーリー展開が合っているかどうか確認する。

**図表3-1　CMサファリ・シート**

| CM サファリ・シート |
|---|
| 学籍番号：　　　　　　　　氏名： |
| ①視覚：このCMからは何が見えますか？ できるだけすべてを記入して下さい。<br>　・人や動物：<br>　・モノ：<br>　・建物など：<br>a) それは，どのよう場面ですか？<br><br>b) そこでは，何が起こっていますか？<br><br>c) なぜ，そういうことが起きたのだと思いますか？ |
| ②聴覚：どのような音が聞こえますか？ できるだけすべてを記入して下さい。<br><br>a) その音を聞いて，あなたはどのような気持ちになりますか？ |
| ③嗅覚：どのような匂いがすると思いますか？ 様々な言葉で表現してみて下さい。<br><br>a) その匂いを嗅いで，あなたはどのような気持ちになりますか？ |
| ④触覚：CMに映っている「何か（モノ）」に触ってみたとして，<br>a) それは何で，どのような感触がしますか？ 様々な言葉で表現してみて下さい。<br><br>b) それに触れることで，あなたはどのような気持ちになりますか？ |
| ⑤味覚：CMに映っている「食べ物」を見て，<br>a) どのような味がしそうですか？ 様々な言葉で表現してみて下さい。<br><br>b) それを味わうことで，あなたはどのような気持ちになりますか？ |
| ⑥どのようなストーリーのCMでしたか？ |

(9) 1回目のCM観察ではどのような点が記録され，2回目ではどのような違いが見つかったのか，各グループで発表する。大人数のクラスの場合，発表者は学生から希望を募るなり教師が指名するなどして，適切な数のグループに発表してもらう。


## 2-2　CMサファリの成果

　筆者が行ったケースでは，食品メーカーがYouTubeで発信しているシチューのCM[1])を用いた。ストーリーは以下のとおりである。

　冬の夕暮れ時，バス停近くの公園で母親（30代）と娘（小学校低学年）が身を寄せ合い，娘が「お父さんまだかなぁ～」と話しながら父親の帰りを待っている。そこにバスが到着し，父親が笑顔で降りてくる。帰宅後，3人は笑顔で晩ご飯のシチューを食べている。

　学生たちの記録は以下のとおりである。

①視覚：このCMから何が見えますか？ できるだけすべてを記入して下さい。

- 人や動物：お母さん，女の子，お父さん，通行人，バスの乗客
- モノ：公園のベンチ，冬のファッション（マフラーやコート），バス停，バス，家の食卓（ダイニング），鍋に入ったシチュー，食卓の料理（シチュー，サラダ，水）
- 建物など：公園，家

a）それは，どのよう場面ですか？

　冬，母と娘が公園で父の帰りを待つ。父と一緒に帰宅してシチューを食べる。

b）そこでは，何が起こっていますか？

　寒いなかで母と娘が父の帰りを待っている，一家団らんの冬の晩ご飯，シチューを通した家族のひととき

c）なぜ，そういうことが起きたのだと思いますか？

　いつも父を迎えに行くから，仲のよい家族だから，いつも家族一緒に晩ご飯を食べるから

②聴覚：どのような音が聞こえますか？ できるだけすべてを記入して下さい。

　BGM，母と娘の声，父の声，バスの音，通行人の足音，風の音，風が木の葉を揺らす音，「(母) 寒いねぇ。(娘) お父さんまだかなぁ」という会話，シチュ

ーを食べながら「おいしい〜」という娘の声，シチューをぐつぐつ煮る音

a）その音を聞いて，あなたはどのような気持ちになりますか？

　温かい気持ち，優しい気持ち，風が冷たそう，いい家族だなぁ，久しぶりにシチュー食べたいなぁ

③嗅覚：どのような匂いがすると思いますか？ 様々な言葉で表現してみて下さい。

　シチューのクリーミーな香り，冬の寒くて乾燥した匂い，外の冷たい空気の匂いと家の暖かい匂い，バスの排気ガスの匂い

a）その匂いを嗅いで，あなたはどのような気持ちになりますか？

　お腹がすいてきた，寒さで鼻がツンとする感覚，落ちついた気持ち

④触覚：CMに映っている「何か（モノ）」に触ってみたとして，

a）それは何で，どのような感触がしますか？ 様々な言葉で表現してみて下さい。

　女の子の手や耳がすごく冷たそう，女の子のほっぺはすべすべしているが冷たそう，母と娘が座っていたベンチが冷たくて硬い，母と娘が着ているコートがふわふわして暖かそう，風に吹かれている公園の木に触ると寒くなってきたことを感じる，シチューを入れた皿から温かさがじんわりと伝わる，シチューのとろとろ感，ダイニングテーブルの木のぬくもり

b）それに触れることで，あなたはどのような気持ちになりますか？

　温めてあげたい，家に帰って暖まりたい，冬はこのベンチに座りたくない，シチューで体が温まる，リラックスして食事ができそう

⑤味覚：CMに映っている「食べ物」を見て，

a）どのような味がしそうですか？ 様々な言葉で表現してみて下さい。

　野菜や肉の旨味が出ていそう，熱いのでフーフーする，ほんのり甘いクリーミーな味，牛乳の深みが出たまろやかな味，人参とジャガイモの味

b）それを味わうことで，あなたはどのような気持ちになりますか？

　いつもより美味しく感じる，体が温まる，幸せな気持ち，ほっこりする，冬を感じる，パンも一緒に食べたいなぁ，ご飯が進むなぁ

⑥どのようなストーリーのCMでしたか。

　冬に父の帰りをバス停で母と娘が待っていて，3人で家に帰って温かいシチューを食べるというヤングファミリーの冬の生活を切り取ったストーリー。寒

い季節でもお互いを思いやる「あたたかい家庭」

　ＣＭサファリ・シートを作成した後のグループディスカッションでは，同じ映像を見ていても，それぞれの見方や感じ方が違うことを学生たちは認識する。登場人物に注目する者，料理に注目する者，ストーリー展開に注目する者など，様々な視点が明らかになっていく。なかには，ＣＭのコンセプトを汲み取ろうとする者や，音楽（BGM）のメロディや音色から，製作者の意図を解釈しようとする者まで出てくる。

　こうしたお互いの異なる視点や感性の違いを話し合うなかで，なぜそのように感じたのか，その理由を話し合いながら，学生たちは相手の視点や感性を理解・共有しようとする。他者の視点や感性を受け入れることで，彼らは自身の感性の「引き出し」が増えていくことになる。2回目に同じＣＭを流すと，学生たちは1回目の時よりも食い入るように見ながら，より詳細に様々なことを感じ取り，記録しようとする。

# 3 まとめ

　ＣＭサファリは，対象となるＣＭ映像に入り込み，自身を登場人物と同一化したり，登場場面に立ち会うもう1人の存在として，ＣＭの各シーンやストーリーを経験していくという，「情報空間における空想上のサファリ（探検）」である。この「脳内体験」を通して得られる様々な感覚や感情を意識的に汲み取っていくことで，自身の感覚を研ぎ澄ますことができる。

[注記]
1）ハウス食品 https://housefoods.jp/company/news/news1001002430.html

# 第Ⅱ部

# ビジネス・サファリの
# 基礎的技法

# 第4章 •

# サファリ入門
## -フィールドワークを始める-

## 1 フィールドワークとは

　この章では，ビジネス・サファリを行う「現場（フィールド）」で，どのように観察・記録をとればよいのか，すなわちフィールドワークの基礎的な概念と技法について論じていく。

　フィールドワークとは，調査対象となる「現場」に身を置きながら行う「一連の調査作業（ワーク）」をいう。特定の地域や施設，イベントなどの現場に調査者自身が身を置き，現場の地理的・物理的環境，生活様式や背景，周囲の人物像や行動特性などを観察・記録していくことで，調査者自身の「見聞や実体験（五感）」にもとづく「リアリティある1次データ」を収集していくことが，フィールドワークの主たる目的である。

　フィールドワークとは，「異文化体験（カルチャーショック）」を記録・分析するための手法として人類学の領域で生み出され，発達してきた「技法（わざ）」である。これが，庶民の生活を観察・記録する風俗研究や，街のトレンドなどを発見するタウンウォッチングなどへと発展（変化）し，現在では，ビジネス研究においても一般的に活用されるようになった。この点に関する詳細な記述は，第1章「発見のためのビジネス・サファリ」を参照されたい。

　本書で取り上げるフィールドワークは，こうした変遷の延長線上にある。「現場（フィールド）」は「商業施設」となり，そこにおける「一連の調査作業（ワーク）」が，「ビジネス現象の観察と記録」になる。フィールドは，商店街やショッピングモール，デパートや駅ビルといった商業集積に限らず，個別の店舗やレストラン，テーマパークや動物園・水族館といったレジャー施設，史跡などの観光地，コンサートなどのイベント会場など至る所にある。観察対象は，

店舗構成，店構え（内外装），看板，品揃え，メニュー，POP，客層やグループ構成，顧客の店内行動や購買行動などである。

# 2 フィールドワークの基礎的ステップ

フィールドワークを行う上では，まず，各自の興味や関心，研究テーマや課題に合わせて，「いつ，どこで，何を調査するのか」という調査概要を設計する必要がある。そして，調査対象となるフィールドに入ったら，「観察と記録」「エスノグラフィーの作成」の2つのステップを踏襲する。

以下では，「調査概要の設計」と「観察と記録」の手順を説明していく。初学者のフィールドワークでは，調査すべき項目をきちんと設計していなかったり，設計した項目を記録していなかったり，重要な情報を不要なものと判断して記録していなかったり，そうした情報に気づかないままやり過ごしたりすることが多い。したがって，まずは基本的な所作を踏襲することが何よりも重要になる。その上で，所与のテーマを十分に理解しないまま調査をしたりすることのないよう注意する必要があるので，「エスノグラフィーの作成」については次章で論じていく。

## 2-1　調査概要の設計

フィールドワークを行う際には，調査対象や事象，調査日時，場所，テーマや目的といった基本的な項目を決めて，調査概要を設計する必要がある。主な項目は以下のとおりである。

①調査対象：人（通行人，買い物客，乗降客，旅行客など），及びその特徴（性別，年齢，グループ構成，服装など），店舗構成，品揃え，客単価，店員の特徴や年齢構成，店舗の内外装や看板，店頭プロモーションなど

②場所：商店街や飲食店街，ショッピングモール，原宿・表参道といったファッション文化の発信地，秋葉原電気街（アニメショップ）や神田古書街といった古くからある専門的な商業エリア，観光地・リゾート地（国立・国定公園，史跡，京都や鎌倉などの古都，温泉街，海水浴場，スキー場，避暑地な

ど），水族館や美術館・博物館，駅ビル・駅ナカ（駅構内の売店や飲食店），
駅のホーム・改札や電車の中など
③**事象**：休日のショッピングモールにおけるヤングファミリーの購買行動，平
日のオフィス街におけるビジネスマンのランチ事情（昼食行動），夏休みの観
光地における消費行動（ビーチの消費行動など），ハロウィンやクリスマスの
繁華街における店頭プロモーションや買い物客の行動，夏祭りにおける露店
の構成と観客の購買行動，成人式や卒業式時期のファッション，コンサート
やスポーツイベントでのファンの服装と行動など
④**テーマ**：流行りモノと定番モノ（変化と不変），差別化と同質化，グローバル
化とローカル化，地域活性化の現状と課題，観光客（日本人／外国人）の行
動特性とそれへの対応課題，観光パンフレットと現実のギャップなど


　初学者が取り組みやすい調査対象は，近隣の商店街やショッピングモールで
の買い物客や店舗構成の調査，飲食店でのメニュー構成や客層，内外装などの
調査である。特に，広めの飲食店（ファストフード店やファミリーレストラン，
フードコート，カフェなど）の場合，ゆっくりと座って周囲を観察したり，自
分が注文した料理を食べたりしながら観察・記録することができる。無断で料
理や店内の写真をパシャパシャ撮るなどの迷惑行為でもとらない限り，ひっそ
りと観察メモを取る程度であれば許容される範囲の行動であろう。フィールド
ワークに慣れるための練習場所として，近隣の商業施設や飲食店を幾つか候補
としておさえておくことをお勧めする。
　調査日時は，調査対象に合わせた日程を決めなければならない。行楽地の家
族連れを調べるのであれば，休日でなければ得られる情報は乏しいものになる
だろう。早朝のファストフード店でビジネスマンの朝食行動を調査するのであ
れば，それにふさわしい時間帯を選ぶ必要がある。小さなカフェを調べるだけ
でも1～2時間は要するし，商店街やショッピングモールであれば2～3時間は必
要である。本格的に観光地を調査するのであれば，1日から数日かける必要が
ある。こうした点を考慮して調査スケジュールを立てていく。
　事象やテーマも，最初は取り組みやすいものを設定した方がよい。特定の商
業施設の全体的な特徴を把握するだけでも構わないし，人気カフェの来店客調
査や，観光地における飲食店の特徴など，ある程度焦点を絞って調査してみる。

また，「2つの対象を選んで比較する」のも，基本的で取り組みやすいだろう。マクドナルドとモスバーガー，セブンイレブンとローソン，東京の原宿と巣鴨，大坂のキタ（梅田）とミナミ（心斎橋），都心と郊外など，2つの対象を取り上げて，商品やサービス，品揃えやメニュー，客層（年齢，性別，髪型やファッション），店舗構成，店頭ディスプレイなどを比較してみる。その後，個人経営のカフェや雑貨店，東京の下北沢や高円寺，大阪のアメリカ村や新世界といった個性的な街などを調査することで，比較対象を増やしていく。こうしてある程度慣れた段階で，研究テーマに沿ったより専門的な調査を行うのが望ましい。

こうした調査項目を決める順序は，整合性がとれているならバラバラでも構わない。最初に1つの調査項目を決めると，他の項目が必然的に決まっていくのが一般的だからである。より高度で専門的な調査の場合には，調査項目の設定に慎重さを要するが，初学者の場合は，最初から無理にテーマを設定する必要はない。


## 2-2　観察と記録

フィールドで実際に行う作業の第1段階は，現場に入って周囲の物事を「よく観察して記録すること」，すなわち「フィールドノーツを作成すること」である。「観察」は，自身の興味や関心，研究テーマや課題にもとづいてアンテナを張り，現場で起きる様々な事象を敏感にキャッチすることを意味する。現在はスマートフォンが普及しているので，現場が許す限りにおいて，写真や動画の撮影，音声記録などは容易にとれるし，自身の行動記録も容易に残すことができる。そのため調査者は，現場を「よく見る」ことに多くの意識を注ぐことができるだろう。この点に関する具体的な技法は，第Ⅲ部「ICTを活用したビジネス・サファリの技法」で述べる。

以下では，観察と記録に関する具体的な技法を紹介していく。


### ①全体を把握する

ショッピングモールや商店街などの商業集積に入ったら，いきなり目にとまった店に入るようなことはせず，商店街や建物全体を示した案内表示やマップ

などに目を通し，内部を一通り歩いて全体を把握する。その後，特定の店舗特性や顧客特性など，重点的な調査対象や事象の観察と記録を行う。特定の店舗などを調査する場合は，周辺を歩き，立地特性（地理的環境）を把握する。駅前かロードサイドか，住宅地に立地しているのか，店舗へのアクセス（駅からの距離など），周辺の店舗構成（同業者の数）などを把握する。

　フィールドの全体像を把握してから個別の調査に進むという作業を怠ると，特定のエリアを見落としてしまう可能性が高くなる。商店街もショッピングモールも，端から端まで，地下から最上階（トイレや駐車場・駐輪場）まで，くまなく見て回る。観光地のような広範なエリアでも，できる限り全体を見て回るようにする。

　繁華街のはずれにある小さな目立たない存在から，新たな発見が得られることもあるのが，フィールドワークの面白さでもある。特に観光地の場合，中心的なエリアには，人型のレストランや土産物店，ホテルなどが建ち並ぶが，繁華街の外れには細々と営業をしている古い家族的な飲食店や，地元の若者が様々な試行を凝らしながら運営している飲食店や雑貨店などがあったりする。こうしたマイナーな存在から様々な情報（知見）を得ることも重要である。


## ②フィールドを描写する

　フィールドノーツを作成する際には，まず，調査日時，場所，天候を記録する。その後で，調査対象の立地特性（アクセスや周辺環境），店舗構成，店内レイアウト，品揃え，店員や顧客の特徴などを記録する。最寄り駅からのアクセスや，周囲の主な店舗，住宅地なのかロードサイドなのか，一目でわかるような簡単な地図を描く。小売店や飲食店であれば，店内レイアウトや商品（料理）などを図で記録する。絵心があれば，店員の服装や内外装などを詳細に描くこともできるだろう。お店の許可が得られれば，料理や店舗の写真を撮ることもできる。駅前など，全体が見渡せる場に立って周囲を写真や動画に収めることもできる。絵や図，写真や動画は，文字では表現しきれないだけの説得力を持つ。

図表4-1　フィールドを描写する

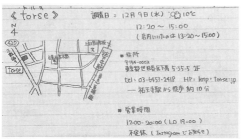

調査日時や場所の記録

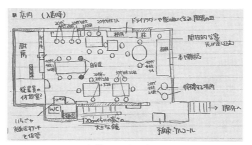

店舗のレイアウト

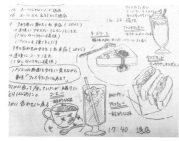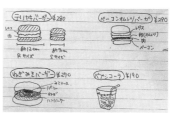

料理を描写する

料理を写真に撮る

**図表4-1の続き**

店員や店内の描写

店舗や看板を撮る

### ③数える（計る・測る）

　フィールドワークの基本的な作業の1つは，調査対象の特徴などを「数える」ことである。店舗数（業種・業態），客数（性別，年齢，グループ構成など），商品点数（品揃えや料理の種類など），店員数（性別，年齢など）といった項目を数えることで，フィールドの大まかな特徴を把握することができる。飲食店の多い商店街なのか，若いカップルで賑わう観光地なのか，外国語の看板が立ち並ぶエリアなのか，数えることでフィールドの特徴が見えてくる。

　レストランであれば，料理の平均的な価格帯や，客単価，サービスの提供時間（注文してから料理が出てくるまで）を計算してみる。商業施設やテーマパーク，観光地であれば，最寄り駅からのアクセス（所要時間），駐車場に停めてある車（車種）や観光バスの数などを計算してみる。ナンバープレートの地名を数えれば，どこから来ている人が多いのかおおよその予想がつく。来店客や観光客のグループ構成（個人，カップル，中高年，外国人，団体旅行や修学旅行など）を数えれば，来訪者の構成比率を推測できる。店舗であれば，売り場の広さ（面積）や棚の幅や高さなどを測ることも，時として必要になる。

　物事を数字で把握し表現することは，自身が物事を明確に理解できるだけでなく，誰にでもわかるように物事を説明する上でも重要な手法である。「あのカフェには女性がたくさんいた」というより，「あのカフェには，女性が10組（26人），男性が2組（5人）いた」と記録する方が，その店の特徴を明確に把握し伝えることができる。また，物事を数えることで意外な事実を発見することもある。筆者のゼミで秋葉原のメイドカフェを調査した際，男性のみや女性のみの個人やグループに混じって，男女カップルの客数が30％程度いたことが判明した。つまりメイドカフェには，特定の男性層（オタク層）だけでなく，男女の友人や恋人たちもデートなどで楽しむために訪れていることが推測できたのである。

　カウントに関しては，あらかじめ，比較基準となる店舗などの標準的な面積を把握しておくと，調査対象を比較しやすい。コンビニエンスストアは100～150㎡が標準的な面積であり，小売店でも1,000㎡を超えると大規模小売店となる。また，自分の手の平のサイズ（手を広げたときの親指の先から小指の先までの長さ）や，自身の目線の高さ，歩幅などを覚えておくと，おおよその商品の大きさや棚の高さ，売り場面積などを把握することができる。

「数える」の例は，以下のとおりである。

(a) 中目黒高架下商店街を一往復した時に
- すれ違った車は4台（すべて品川ナンバー），通行人は28人（スーツは11人）
- 35店舗中23店は飲食店（約66％），29店はダウンライトを使用
- 30店はお店の入口を開けたまま（開放感？　入りやすさ？　コロナ対策？）
- 33店はガラス張りで外から店内が見えるようになっている
- 商品単価は，おでんの大根1つ280円，9,000円の座布団，A5ランクの肉など，比較的高価
- 高架下周辺には昔からある古い居酒屋が10店舗ほどあった

(b) 16：30「カフェラウンジL」に入店（駅南口から徒歩約5分）
- 席数50席（カウンター席6席，テラス6席）
- 内装：薄暗い照明で白い壁に12個の絵画，JAZZ系の音楽が流れる
- 店員と服装：キッチンに20代の金髪男性と大学生くらいの女性，ホールは20代女性1人。黒いキャスケット，茶色の無地Tシャツ，Gパン，スニーカー（全員同じ服装）
- 客層
  - 20代女性2人…スカート，ヒールでエレガントな服装
  - 60代男性1人…コーヒー飲みながら読書
  - 30代男性1人…スーツでPC作業
  - 50代女性と40代女性…2人ともスカートにヒール，会社員同士の様子
  - 30代男性と40代男性…2人ともスーツ，紅茶を飲み，仕事の話をしながらPC作業

## ④集める

　百貨店やショッピングモールの入口などに置いてあるフロアガイド，イベントやキャンペーンなどのチラシ，パンフレット，商店街や観光地のエリアマップやガイドブック，飲食店などのショップカードやメニュー，商品説明が掲載されたリーフレットなど，フィールドで入手できる資料はできるだけ広範に収集する。特に，フロアガイドやエリアマップは，フィールドの概要を把握する

**図表4-2　集める**

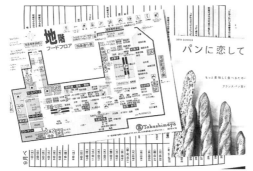

フロアマップやチラシ

レシートやショップカードなどを撮る

上で貴重な資料となる。チラシやパンフレットは，店舗コンセプトを理解した
り，商品やイベントのターゲット層を把握するのに役立つ。また，自身が買い
物や食事をした時のレシートをとっておくと，調査主体の行動記録になる。

　「集める」とは，調査対象や調査地に関する「情報収集」であり，それらに関
する事実を裏付ける物的証拠となる。観光地には，現場でしか入手できない資
料がいくつもあるので，資料収集は特に注意する。必要であれば，店員や顧客
（来訪者），地元の人々などとのさりげない会話から情報収集することもできる
し，地域の歴史博物館や図書館などで資料収集することもできる。集めた資料
は自分なりに整理してストックしておく。写真やPDFで残しておいてもよい。
集めた資料はいつでも捨てることができるが，報告書やプレゼン資料を作成す
る際に必要な情報が手元にない場合，そのためだけに再度収集しに行かなけれ
ばならなくなるので，資料はできるだけ広範に収集しておいた方がよい。

### ⑤経験を記録する

　フィールドでは，オブジェ（置物）のような存在になって客観的な立場から観察することもできるだろうが，お店で商品を購入したり，店員や他の利用客に積極的に話しかけたりすることで経験的な情報を得ることもできる。飲食店では，オススメの商品や人気商品などを店員に聞き，それを購入したり食べたりしながら，最近の売上や客層の変化，店主のこだわりやお店の歴史（成り立ち）などを遠回しに聞き出すこともできる。観光地では，レストランや温泉，旅館などを利用しながら，店主や女将さん，現地のガイドなどから地域の様々な情報を収集することができる。こうして集めた様々な情報（人々の主観）と，自身が感じた情報（自分の主観的経験）とを比較検討することも，貴重な調査となる。

　「③集める」は，パンフレットやチラシといったフィールドに関する客観的で安定的，個人差や時間的変化が生じにくい「静的な情報」の収集作業である。これに対して「⑤経験する」は，自身の実体験を踏まえた主観的で不安定な情報，個人差や時間的変化が生じやすい「動的な情報」の収集活動といえる。フロアガイドや観光マップなどは，誰が収集しても差は出ない。しかし，お店の料理や接客への感想，店主との会話など，フィールドと自分自身との相互作用にもとづく情報は個人差が生じやすい。料理や接客への評価は，自身の好み（味覚）や価値観が反映されやすい。料理の写真を撮ったり，味付けや店員の言動を書き留めたりすることは事実の記録だが，それを「味が濃い／薄い」「親切／お節介」と付記するか否かは個人差（主観）がある。話を聞き出すリサーチャーの能力（会話力や質問力など）によっても，得られる情報には差が生じる。また，平日と週末，繁忙期と閑散期（トップシーズン／オフシーズン）とでは，店員の接客態度や混雑度に対する印象（主観）は変わるだろう。他にも，天候や時間帯，調査相手の体調や気分（機嫌），他のお客の存在（年齢，性別，グループ構成，国籍など），リサーチャー自身の体調や気分など，経験的情報は調査時点での様々なコンテクスト（文脈や背景）の影響を受けやすい。しかし，それもまたフィールドから得られる貴重な情報であり，決して無駄な情報ではない。したがって，自身がどのようなコンテクストで調査をしたのか，気づく範囲で記録しておくことも必要である。

　これらの情報を記録する際は，主観的な経験的情報を交えながら記録するこ

とになる。例えば，混雑する飲食店で食事をしていた時，「隣のテーブルでは家族連れが騒がしかったので，落ち着かない気分だった」と記録するようなケースである。隣に家族連れが座ったのは事実であるが，騒がしいと思うか否か，落ちつくかどうかは人それぞれの主観である。こうした場合，後で事実と主観をある程度区別して整理できれば問題はない。できれば，その家族がどのように騒がしかったのかという事実を描写するとともに，周囲の他の客も迷惑そうにしていたのか，同様に騒がしかったのか，幼い子供がいれば泣いたり騒いだりするのは当たり前だと自分は思うのか否か，そもそも騒がしくしても許される店なのか，といったことも考えながら記録できることが望ましい。いずれにせよ，自身の経験を記録するためには，「相当の文章力」が必要になることは自覚しておいた方がいい。以下は，学生の観察記録である。

## ＜店内の観察記録＞

①概要：TCベーカリーは改札の目の前ということもあり，若者から主婦層，中高年まで様々な客層の方が来店していた。イートインスペース（34席）の奥にはバーカウンターがあり，その前には4人掛けのテーブル席2つと，2人掛けのソファー席が1つ用意されていた。

②品揃え：パンは，クロワッサンやスコーン，マフィン，クッキーなど甘くておやつ感覚で食べられる商品が多く取り揃えられていた。「プレッツェルクロワッサン（310円)」が人気らしく，店頭入ってすぐのところにたくさん置かれていた。パンは一つひとつが大きく，ボリュームがあるように思う。飲み物はチョコレートドリンクやコーヒーだけでなくアルコールも取り扱っていた。そのためか，お酒にあうような角切りのペパロニピザや，クロックムッシュ，ペッパーチェダーオニオンなどが揃えられていた。

③値段：パンが大きいからかもしれないが，最低でも1つ200円，クッキーは1枚300円，小さくカットされたピザでも360円，商品によっては1,000円弱と，どれも価格設定は高めであった。自分も「プレッツェルクロワッサン」を購入しようとレジに並んだが，他のお客は1〜2個ぐらいしか購入しておらず，一度に多く購入する客はあまりいないように思えた。

④特徴：改札の目の前にあるため，パン好きな女性客だけでなく，通勤時に立ち寄るビジネスマンや少しのブレイクタイムにも利用してもらいやすいと思

われる。また，パン屋にしては夜遅くまで営業しており，アルコールの取り扱いがあるため，仕事終わりの社会人も多く取り込めると思われる。ただ，商品の価格設定が少し高めなため，若年層の取り込みは難しいであろう。

## ＜時系列的な行動記録＞

- 16時40分　カフェ猫山に入店
- 16時42分　ガトーショコラを注文
- 16時44分　スーツの男性が退店
- 16時49分　ガトーショコラくる
- 16時52分　20代男性2人組（カジュアルな服装）が入店，入口付近のテーブルに座る
- 16時58分　ホールに20代前半女性加わり，2人体制になる
- 17時前後　20代女性2人組は就活の相談やピーチジョンの新作品など会話，30代女性は1人でボトルワインを飲んでいる
- 17時10分　会計をして店を出る，ガトーショコラ600円

## ＜顧客の行動記録＞

カフェ＆ベーカリABCでの顧客行動

a）20代後半くらいの女性
- 入店してからまず売り場を1周
- 写真を撮りながら5分かけてレジまで。パン3品を購入し，テイクアウトで出店

b）30代前半くらいの外国人3人組（男2女1）
- 入店してまず女性が店内を1周。四角い形のパンに驚き，3人で写真を撮り始める
- 女性が写真を撮り続ける間，男性がパンを購入。1分20秒でレジに到達
- 男性2人合わせて3品をテイクアウトで購入。女性は何も買わずに出店

c）30代後半くらいの男性
- 入店するとそのままレジへ直行
- コーヒーとメキシカンバーガーを注文し，大きなテーブルに着席
- パソコンを開き，オーダーを待つ

- 料理が運ばれてくるとまずはそれを食べ終え，コーヒーを飲みながらパソコンに向かう

## ＜店員へのヒアリング＞

　より詳細な情報を手に入れるため，コーヒーショップ「Ａ＆Ｃ」で話を聞いてみた。

Ｑ：来店する方はどんな人ですか。

Ａ：４月にできたばかりの店なので見るだけの人が多い。立ち寄る人は地元の方で，よくお喋りに来る方もいる。アーティストの方もよく来る。

Ｑ：お店の特徴はどんなところですか。

Ａ：コーヒー，日本茶，小物雑貨を販売していて，イートインコーナーはアトリエ兼カフェのようにしている。お茶やコーヒー豆にはこだわっており，ケニアの「キアマバラＡＡ」は日本で取り扱いが当店のみである。小物雑貨はマニアな方しか買わない。

　このお店は，お茶やコーヒー豆にこだわりが強い人たちをターゲットにしていることから，地元の美味しいコーヒー屋さんとして地域の人々が訪れる場であり，また小物を出展するアーティストの交流の場でもあることがわかった。

# 3 おわりに

　本稿では，フィールドワークの基礎的技法について解説していった。これらのすべてのスキルを柔軟に使いこなせるまでには，ある程度の時間を要するだろうが，興味を持った手法や，すぐに修得できそうな手法から試してみるなどしながら，繰り返し取り組んでいくことで身につけることができる。

　以下では，「第1章」での議論も踏まえて，改めてフィールドワークの基本的な姿勢について指摘しておく。

## ① 「発見」を見つける

　ジャングルで行うサファリの魅力は，見たこともない生き物や風景を見つけること，すなわち「発見」にある。ビジネス・サファリにおいても，「発見する姿勢」を忘れないで欲しい。そのためには，できるだけ先入観を抱かず，ある

意味,「心を無にしてフィールドに入る」のが望ましい。「自らの思考以前に現場の事象があるのだ」と考えてもらいたい。

　例えば,「渋谷＝若者の街」「伊豆＝温泉と魚料理」という一般的な認識（固定観念）があるが,それを固持したまま渋谷や伊豆でサファリを行っても,目に留まるものは若者たちの姿と,温泉と魚ばかりになりかねない。渋谷を行き交う人々の全員が若者であるはずもなく,伊豆の名物は温泉と魚だけでもない。心を無にして現場を観察することで,様々なものがみえてくるだろう。

## ②「アンテナ」を張る

　フィールドでは,「感性のアンテナ」を張り巡らせながら,できるだけ広範囲に情報収集をする。その中で,自身の心に「ピンときたもの（気になるもの,心を動かされたもの）」を見つけたら,その特徴を記録したり,写真に撮ったり,関係する資料（チラシやパンフレットなど）を収集したり,可能な範囲で関係者にヒアリングしたりする。テーマが設定されていない場合は,自身の興味や関心,感性を最優先にして選んでも構わない。その際,写真や資料,ヒアリングを通して「気づいたこと」はすべてメモしておく。

　こうした作業は,ある意味,自問自答しながら行う作業なので,できるだけ個人で行動することが望ましい。グループで行動する場合は無用な会話は避ける。

## ③現場（他者）への理解

　フィールドワークでは,現場の人とのコミュニケーションから貴重な情報が得られることがある。彼らの発言を記録するだけでなく,彼らの話し方（表情,声のトーン,身振り手振りの表現方法など）にも注意し,「なぜそういう言い方（表現）をしたのか」を考えながら,「当事者にとっての意味や物語（ストーリー）」を理解するよう努力することも必要である。

　地元の人たちとの会話やヒアリングから,その地域の生活に関する「ヒント」を得ることはよくある。「ここは,冬になったら陸の孤島ですから…」と,地元の人がつぶやいたひとことから,冬の生活の厳しさをうかがい知ることができる。そこから,現地での冬の生活に関する追加調査（ヒアリングや資料収集など）を行いながら,現地の生活背景に思考を巡らせることで,様々な知見を広

げていくとともに，新たな発見（仮説やテーマ）が得られることもある。

## ④情報の整理方法を工夫してみる

　調査後は，収集したすべてのデータ（写真やメモなど）に目を通し，整理する。調査の時間軸に沿った整理法や，対象ごとの整理法，調査後に設定した独自のテーマなど，様々な整理方法を工夫してみる。テーマが設定されていないのであれば，最も自分に「ピンとくるもの」を3〜5つ選ぶというのも1つの手である。

## ⑤知見を交換する

　調査メンバーで報告会をする際には，調査概要とともに，収集したデータの整理方法についても説明する必要がある。互いの着眼点や整理方法の違いを知ることは，自身の観察記録を見直す機会になると共に，今後の調査の糧にもなる。また，各自が厳選した「ピンとくるもの（写真や資料，ヒアリング記録）」を見せ合いながら説明し，それらを選んだ理由を述べていくのもいいだろう。他のメンバーからの質問やコメントは，すべて記録しておくと，今後の調査に役立つ貴重なデータとなる。

## ⑥追加調査を試みる

　報告会の結果，追加調査（再調査）を行う必要性が生じることがある。1回の調査だけでは十分な情報が得られなかった場合，不足した情報を収集するための課題やテーマを設定する必要がある。1回目の調査では，記録の漏れやミスが見つかったり，特定の客層や時間帯にしか調査ができなかったり，漠然とした結果しか得られなかったりするような場合，同じフィールドで再調査を行う際の課題やテーマを明確にする必要がある。

　あるいは，1回目の調査結果を他のフィールドにあてはめて調査（検証）してみようとする場合には，1回目の結果を再検証（一般化）できるようなフィールドを選ぶ必要がある。特定の客層をターゲットに調査したのであれば，同じ客層が集まる別のフィールドを選ぶ必要がある。都心のラーメン激戦区を調査したのであれば，次回のフィールドとしては，同じような激戦区を都心や郊外などから見つけ出して調査しなければならない。

　この時，メンバー全員で各自が収集した写真や資料に何度も目を通し，意見がまとまるまで適切な課題やテーマ，フィールドを選定していく。綿密に議論すればするほど課題やテーマは洗練されていくので，このプロセスを否定的に捉えてはいけない。テーマが設定されたら，追加調査を行うとともに，関連する書籍や資料，2次データを収集する。再調査では，以前フィールドで会った人に「また会いに行く」ことが信頼関係の形成につながり，更なる情報収集につながる。

### ⑦全体的な理解と発見

　これまでの調査データを踏まえて，現地の全体像（社会・文化・政治・経済・地理的特性）を把握する。慣れてきたら，フィールドワーク全体を通してどのような「気づき（発見や仮説）」があったのか自問して欲しい。フィールドワークは，日常生活の中から今まで気づかなかった事実や背景要因，法則性などに関する「仮説」を「発見（再発見）」していく知的作業なのである。

# 第 **5** 章

# エスノグラフィーの作成

　フィールドワークの第2段階は，調査記録（データ）から「事象間の関連性を見つけ出すこと」，つまり「フィールドノーツをもとにエスノグラフィーを書くこと」である。エスノグラフィーとは，フィールドノーツから何らかのカテゴリー（頻発する出来事，何らかの法則性，類似性，相違点など）を見つけ出し，事象間の関係性を明らかにするような仮説や理論的解釈を生成・提示したものである。

　以下では，エスノグラフィーの作成方法について，「問題発見（仮説生成）型のエスノグラフィー」と「テーマ設定（仮説検証）型のエスノグラフィー」に分けて説明していく。

## 1 問題発見型のエスノグラフィー

　「問題発見（仮説生成）型のエスノグラフィー」では，観察した事象間の関連性をうまく整理できるようなカテゴリーを調査中や調査後に見つけ出し，仮説を導き出していく。データ収集と分析はほぼ同時進行で行われ，その作業中に，「ひょっとしたら，〇〇〇は□□□なのではないか…」という「気づき」を得ることが重要になる。第4章「2-2　観察と記録」の「③数える」で記したように「メイド喫茶は，オタクだけのものではなく，若いカップルにも需要があって，何らかの楽しいひとときを提供しているのではないか」という仮説が導き出せたのなら，それを検証すべく，同じ店舗での再調査や，競合店への追加調査がとられることになる。

　より専門的なフィールドワークになれば，調査目的やリサーチクエスチョン

**図表5-1　問題発見型の調査フォーマット**

| ・調査対象：<br>・調査日時： | |
|---|---|
| 調べたこと | 気づいたこと |
| ・<br>・<br>・ | ①<br>②<br>③ |

に合わせて調査対象を決め，現場でデータを収集しながら事象間の関連性を説明できそうなカテゴリーを見つけ出していく。カテゴリーは，先行研究から援用することもあれば，データから発見することもあるし，現場でひらめくこともある。これが仮説生成型の特徴であり，楽しさでもある。

　筆者がゼミなどで用いるのは，「調べたこと（観察記録）」と「気づいたこと（発見したこと）」を分けて記述する方法である。これによって，「気づき」や「発見」を比較的スムーズに，かつ意識的に導き出すことができる。

　図表5-2，図表5-3の例は，駅前で同じ業種・業態の店舗を見つけ，その特徴と気づいたことを記録した学生のフィールドノーツの一部である。右欄の「気づいたこと」がカテゴリーや仮説の元になる。

　図表5-2の「気づいたこと」の①は，「ミニサイズ（個食）」というカテゴリーにつながる。これは，1人暮らしの若者や中高年の消費動向を調査・検証していく上で重要なキーワードになる。②では，ミニサイズの商品が，野菜だけでなく，他のどのような商品にまで広がっているかを調べたり，それらを購入する消費者の特性を調べることで，調査・研究や問題意識を広範な領域にまで広げることができる。主婦層と思しき女性が「ミニサイズ」の商品を購入しているのなら，その理由を考える機会にもなるだろう。③からは，「必要な時に必要な食料だけを購入するライフスタイル」の広がりを仮説として想定することができる。冷蔵庫やコンロなどをほとんど必要としない生活，食品スーパーやコンビニを自宅の冷蔵庫代わりに利用するようなライフスタイルが浸透してきていることを検証する機会になるだろう。食品をストックして調理する既存の消費スタイルから，フロー型食生活への転換を観察・記録するとともに，その背

**図表5-2　川崎市I駅周辺の食品スーパーの比較調査**

・調査対象：KKストア，野田急DX，ばらストア
・調査日時：2019年12月12日（木）曇り（14℃），15:00～16:00

| 調べたこと | 気づいたこと |
|---|---|
| ・KKストア：白菜は1/4，ハーフ，1玉，キャベツはハーフ，1玉などサイズがいくつかある<br>・DX：白菜は1/4カットしかなく，キャベツは1/2カットと1玉があったが小さめ<br>・ばらストア：白菜は1/4カットとミニサイズ1玉。野菜はミニサイズが多く，ピーマンや人参，玉ねぎ，魚は1切れ売りが多い | ①1個売りやミニサイズの野菜は1人暮らし用だと思われる<br>②全体的に少量のものが多いように感じた<br>③買い物している人は，野菜や肉よりもお惣菜やパンなど，その日のうちに消費するものが多かった |

**図表5-3　川崎市M遊園駅周辺のクリーニング店の比較調査**

・調査対象：ナルミヤM店，ナルミヤ2号店，NAKO，クロヤ，カシマ
・調査日時：2019年12月12日（木）曇り（14℃），15:00～16:00

| 調べたこと | 気づいたこと |
|---|---|
| ・5店舗中3店舗が，8～9時台から19～20時まで営業している<br>・24時間受付BOXがある<br>・店頭に大きな値段表が掲げてある<br> | ①現代人のライフスタイルに合わせて，長時間営業と24時間の受付が求められているのだろう<br>②ベッドタウンなので，通勤時に利用するお客さんが多いのだろう<br>③大きな看板で価格訴求をしている⇒周辺店舗との価格競争が激しくなっているのではないか |

景や経緯を説明する貴重なフィールドワークを行うこともできるだろう。

　図表5-3の「気づいたこと」の①は，現代社会における「長時間（24時間）営業」というカテゴリーといえる。これは，他の地域，あるいは全国のクリーニング店のHPなどを調査して，営業時間や24時間受付BOXの設置状況を調べることで，検証することができる。ファストフード店など，他の業種でも調査することで，長時間営業がどの業種まで進んでいるのか，それに伴う課題など

を調べることもできるだろう。②で見つけ出したカテゴリーは，「ベッドタウンにおける通勤時の消費者行動」である。これは，他のベッドタウンとの比較や，都心の店舗と比較することで検証することができる。③は，「クリーニング業界における価格競争」というカテゴリーの発見になる。これも，他の地域や全国の価格競争を調べ，各社の生き残り戦略を調べたり，逆に高価格帯で展開している企業を見つけ出して，その戦略を比較検討することができる。

このように，フィールドでの「気づき」は，様々な可能性をもたらしてくれる。

# 2 テーマ設定（仮説検証）型のエスノグラフィー

「テーマ設定（仮説検証）型のエスノグラフィー」では，現場に入る前にカテゴライゼーションを行い，仮説を立てていく。その後，現場で収集したデータを分析し仮説を検証していく。ここでのカテゴリーや仮説（定説）は，一般的に先行研究から援用することが多い。

筆者がゼミで行った調査では，「同質化と差別化」というマーケティング戦略では一般的な概念をもとに，自宅や大学周辺の商業集積（商店街）を調査していった。調査対象は，飲食店（ファミレス，ファストフード店，ラーメン店など），小売店（スーパー，コンビニ，その他の食品やアパレル販売店など），学生たちが興味を持った同種のビジネス（業種）を1つだけ選ぶようにした。調査ポイントは，業態（店舗形態），店舗コンセプト，主力商品・サービス，品揃え（メニュー），価格帯，内外装，対象顧客（ターゲット層）などである。

はじめに，商業集積（商店街）とは，同質性（類似性）と多様性（差別化要因）を有した多数の店舗による地理的な競争環境であり，各店舗は同質化と差別化を巡る競争に晒されていることを説明した。ここでいう「同質化」とは，同一商業エリア内で展開される同一の業種・業態内で，類似した商品やサービスが展開されていることをいう。駅前に林立するコンビニやファストフード店，「若者の街」と称される地域に出店している同種の古着屋や美容院などがその典型例である。こうした店舗間での商品やサービスの模倣が進んだり，同種の店舗の参入によって同質化はさらに進み，店舗間での差別化が困難な状況に陥る

**図表5-4　調査フォーマット**

| チーム名： | |
|---|---|
| 調査日時： | |
| 調査エリア： | |
| 調査対象（業種・業態）： | |
| 調査店名： | |
| 同質化している点<br>・<br>・<br>・<br>・<br>・ | 差別化している点<br>・<br>・<br>・<br>・<br>・ |
| 要因（理由，メリット／デメリット）<br>・<br>・<br>・<br>・<br>・ | 要因（理由，メリット／デメリット）<br>・<br>・<br>・<br>・<br>・ |
| 商店街や地域社会への影響<br>・<br>・<br>・ | 商店街や地域社会への影響<br>・<br>・<br>・ |
| その他（気づいたこと）<br>・<br>・<br>・ | |

と，価格競争に至ることがある。結果，共倒れや淘汰が進むことで商業集積としての魅力は薄れ，生き残った店舗による寡占化が進むとともに価格は上昇するか，縮小均衡による衰退化が進む。

　「差別化」とは，同一業種・業態の各店舗が商品やサービスの独自性（個性）を高めたり，新規参入による影響を受けながらも差別化（多様化）が進み，創造的競争が展開される状況をいう。結果，店舗や商品の多様性が進み，各店舗間でのバランスのとれた棲み分けが進むことで商業集積全体の魅力が高まり，全体的に最適となる。

商業集積での競争パターンとしては，大別すると上記のような2つの方向性（定説）が見られるが，単発的なフィールドワークでは，こうした競争パターンの時間的な変化までは把握できない。しかし，同質化と差別化の行き着く先は，ある程度事前に知っておく必要はあるだろう。こうした事前のレクチャーをもとに，下記の調査フォーマットにもとづいてフィールドワークを進めていった。

　学生たちの調査結果は，図表5-5のとおりである。少々，大雑把な記述も散見されるが，彼らなりに，同質化と差別化のあり方を考えながら記述している様子がうかがえる。

　上記の調査結果から，どのようなカテゴリーを見つけ出し，事象間の関係性を明らかにするような仮説（理論的解釈）を導き出せるだろうか。ここでは，こだわりの食品専門店（セレクトショップ）は，「こだわりのある（質の高い）」食材を揃えることで，一般的なスーパーとの差別化を図る一方，同様の専門店間での競争に晒されているという事実が確認された。これを踏まえると，以下の点が主なカテゴリーや仮説として抽出できる。

①多様な食品専門店の出店は，地域の食生活の多様化や充実につながる

②ただし，セレクトショップの発展には，中〜高価格帯の食品を日常的に購入できるだけの所得層からの継続的な支持（リレーションシップ形成）が不可欠である

③セレクトショップは，「こだわりの品揃え」という点で，一般のスーパーと差別化しながらも，同業者間では同質化しがちになる

④セレクトショップのコンセプトや品揃えは，基本的に，和食／洋食，国内／海外のこだわり商品といった基準で差別化されている

⑤セレクトショップのタイプは，世界中からこだわりの商品を集める商社型の企業と，国内に重点をおいて，こだわりの商品を揃えたり自社開発する企業とがある

⑥こだわり商品を揃えていくうちに，店舗間での同質化だけでなく，同一店舗内での類似した商品間のカニバリズムが生じるのではないか

⑦こうした点を解消するために，オリジナルのＰＢ商品で更なる差別化を図っている

図表5-5　調査結果（1）：食品専門店（セレクトショップ）

| チーム名：チーム宇都宮線 | |
|---|---|
| 調査日時：2021年11月27日（土）13:00〜15:00 | |
| 調査エリア：さいたま新都心　ノクーンシティ | |
| 調査対象（業種・業態）：食品専門の小売店 | |
| 調査店名：おととや，後手屋，百福商店，KDファーム | |
| **同質化している点**<br>・和食や洋食の「ちょっとイイ商品（こだわりの食材やお菓子など）」を揃えている<br>・「ご飯のお供系（佃煮や漬物）」が多い<br>・その他は，味噌，ジャム，ドライフルーツなど<br>・若い主婦層（20〜30代）がメインターゲット | **差別化している点**<br>看板やPOP（イラストなど）<br>・商品の並べ方（圧縮陳列か普通の陳列か）<br>・メインの商品やコンセプト（和食系／洋食系）<br>・海外の珍しい商品／国内の珍しい商品<br>・コーヒーやお酒の品揃え<br>・ポイントカードなどのサービス |
| **要因（理由，メリット／デメリット）**<br>・理由：スーパーとは違う独自の商品を揃えようとすると，結局，同じようなこだわり商品が集まって同質化しやすくなるのではないか<br>・メリット：消費者は，同じようなこだわり食材を比較して買い物ができる。新しい，創造的な商品が開発され増えていく<br>・デメリット：同じような商品を揃えていると，価格競争に陥る可能性がある。同じような店が増えると，新規参入が難しくなる | **要因（理由，メリット／デメリット）**<br>・理由：競合して共倒れしないように（？）お店の距離が離れている。オリジナルのPB商品で差別化している<br>・メリット：各社独自のアイデア商品が増えて多様化していくと，消費者は好みの店や商品を選ぶことができ，競合が回避されて共倒れしにくくなる<br>・デメリット：付加価値を高めるためには，原材料費を上げる必要が出て，商品価格が高くなる。行きすぎた商品開発は，売れないと在庫過多になり，コスト増で収益圧迫になるかも |
| **商店街や地域社会への影響**<br>・こだわりの商品が入手できる一方で，同じようなこだわり商品があふれてしまう<br>・同業種が増えることでお客が増えて地域商業は発展するが，顧客の奪い合いになると衰退のリスクになる | **商店街や地域社会への影響**<br>・いろいろなこだわり商品が増えることで，食生活が豊かになる<br>・ノクーンシティ全体の魅力が高まり，来客が増え，更なる発展が期待できるが，渋滞などの環境リスクも高まる |
| **その他（気づいたこと）**<br>・品揃えを見て，ふらっと立ち寄る若者が何人かいた<br>・同じようなお店を調査したつもりが，意外と差別化している部分が多くあるように感じた | |

図表5-6　調査結果（2）：ファストフード店

| チーム名：もりりん |
| --- |
| 調査日時：2021年11月27日（土）13:30～15:30 |
| 調査エリア：所山プロペラ商店街 |
| 調査対象（業種・業態）：ファストフード店 |
| 調査店名：Kタッキー，Mドナルド，BGキング，吉田屋，竹屋 |

| 同質化している点 | 差別化している点 |
| --- | --- |
| ・どこもセットメニューがある<br>・サイドメニューにはサラダが定番<br>・トレードカラーは暖色系<br>・のぼりやポスターで目をひいている<br>・ハンバーガー店は1階がレジで2階が席 | ・BGMのある店とない店<br>・低アレルゲンメニューや，アイスなどのスイーツの有無<br>・朝，夜，平日限定メニューなどの有無<br>・サイドメニューのバリエーション |
| 要因（理由，メリット／デメリット）<br>・理由：同じようなメニューを提供することで，顧客は安心するから<br>・メリット：同じようなメニューがあれば，顧客は類似店に行っても安心して頼みやすい<br>・デメリット：どこに行っても同じと思われてしまう。同じなら行きつけの店ばかりに行く | 要因（理由，メリット／デメリット）<br>・理由：競争に生き残るため<br>・メリット：顧客を引きつけて定着させやすい。細分化されたターゲット層を獲得できる<br>・デメリット：差別化しようとすると価格が高くなる傾向がある |
| 商店街や地域社会への影響<br>・同じようなファストフード店の中で選択肢が広がる | 商店街や地域社会への影響<br>・外食メニューの選択肢が増え，用途によってお店を使い分けることができる |

| その他（気づいたこと）<br>・全体的に，ファストフード店は商店街の入口（駅の方）に位置していた<br>・ハンバーガー店では，子供連れと若者が多いが，牛丼店では8割程度が男性の1人客だった |
| --- |

　この調査結果からは，以下の点が主なカテゴリーや仮説として抽出できる。

①ファストフード店は，主力商品を中心にしたセットメニューを基本展開しているが，それ自体が差別化と同質化の両面の要素をはらんでいる

②各社は，セットメニューを基本に，サイドメニューのバリエーションで差別化を図っている

③サイドメニューは，細分化された客層を引きつけるために有効である

④ハンバーガーなどは家族や女性，丼系は男性がメインターゲットである

**図表5-7　調査結果（3）：ドラッグストア**

| チーム名：星川と武山 | |
|---|---|
| 調査日時：2021年11月27日（土）13:30～15:00 | |
| 調査エリア：吉祥山ヨンロード商店街 | |
| 調査対象（業種・業態）：ドラッグストア | |
| 調査店名：ソコカラファイン，ヨンドラッグ，クマモトキヨシ，OKドラッグ | |
| 同質化している点<br>・店内照明や壁，服装など，全体的に白で統一<br>・圧縮陳列（商品が棚やフック，籠，段ボールなどに置かれていて，ほとんど隙間がない）<br>・店頭には段ボールに積まれた特売品<br>・店のつくりは奥に長く，1番奥にレジがある<br>・レジに向かう途中には，ついで買いを促すような商品（特売品や，飴・ガム）が置いてある<br>・値段表示は定価が白，特売品は黄色 | 差別化している点<br>・オリジナルBGMを流す店／録音された音声でポイントカードやキャンペーンなどを紹介する店／POPの多い店<br>・OKドラッグは，内外装共に質素で，看板も電気が使われておらず，BGMもなく，ポイントカードやチラシもない，化粧品や冷蔵商品もない，電子マネーやクレジット支払いもないけど，医薬品は安い |
| 要因（理由，メリット／デメリット）<br>・理由：医薬品を扱うので，清潔感を出すために白がベースになっている<br>・メリット：店頭の特売品をフックにして顧客を店内に引き込むことができる<br>・デメリット：商店街に出店しているので，店は奥に細長くなりがちで，スペースに限界がある | 要因（理由，メリット／デメリット）<br>・理由：食料品なども含めてワンストップショッピングができる店から，奥行きをもたせたてゆったりと買い物のできる店，医薬品に特化したお店など，独自性を出すことで棲み分けられる<br>・メリット：顧客のニーズによって店を使い分けられる。特売日やポイントなどを設けず，常に安価で医薬品を提供するような店は，高齢者にとって利用しやすいと思う |
| 商店街や地域社会への影響<br>・いろいろな医薬品や日用品がお得に手に入る<br>・ドラッグストアに行くついでに，他の商店でも買い物ができるし，それが地域の活性化になる | 商店街や地域社会への影響<br>・様々なスタイルのお店があることで，地域のお客さんは，自分のニーズや目的ごとにお店を使い分けることができる |
| その他（気づいたこと）<br>・店頭から奥のレジに進むにつれて，商品の単価が高くなっているような気がする。店頭には，お菓子やジュース，マスクが並んでいるが，その奥は化粧品やサプリになって，最後は風邪薬とかの高い薬になる<br>・同じブランドのマスクの値段を比較してみたら，店によって200円近い差があった<br>・利用客の購入商品を見ると，食品や日用品が多く，化粧品や医薬品は少ない。カゴ一杯に買っている人もいないことから，客単価はあまり高くない印象を受ける | |

この調査からは，以下の点が主なカテゴリーや仮説として抽出できる。

①ドラッグストアは，一見するとどこも同じように見えるが，「品揃え」による差別化が進んでいる。

これは，医薬品から化粧品，食料品，日用品など，様々な商品を揃える店舗と，医薬品に商品を絞り込んで割安な価格で提供する店舗との「棲み分け」ともいえる。「品揃えは顧客を呼ぶ（より多くの商品を揃えれば，多様な人々を集客できる）」というのは商学の領域では定説だが，敢えて品揃えやサービスを絞り，特定の顧客層だけを集客しようとすることで生き残りを図ろうとする企業の戦略といえる。

②ドラッグストアの売り場構成には，［店頭にお菓子類⇒中程にサプリや化粧品⇒奥に医薬品］という共通のパターンが見られる。

これは，「店頭から奥のレジに進むにつれて，商品の単価が高くなっているような気がする」との指摘から得られた仮説である。売り場の構成が，手に取りやすいお菓子類を店頭に並べ，利用頻度の高いサプリや化粧品，頻度の低い医薬品へと，商品ジャンルによって分けられているために，学生たちはこうした印象を抱いたのであろう。これ自体は非常に貴重な気づきといえる。

とすると，上記の仮説をもとに，他の商店街に立地する同様の狭いドラッグストアと比較（追加調査）することで，商店街型ドラッグストアにおける売り場構成の共通パターンが見えてくるかもしれない。また，ロードサイドにある郊外型店舗との比較によって，いくつかの異なるパターンが明らかになるかもしれない。同様に，

③商店街などに立地する幅の狭い店舗では，店頭での特売品の訴求と圧縮陳列によって顧客を店内へと誘導する手法が一般化している。

という仮説も，合わせて検証していくことで，ドラッグストアの売り場構成や店内プロモーションに関する様々な洞察が得られるだろう。

④ドラッグストアの客単価は，化粧品や医薬品を購入するか否かによって大きな差が出る。

ファミレスやファストフード店とは異なり，ドラッグストアでは，100円台のお菓子から5,000円以上する化粧品や医薬品まで，商品単価に大きな開きがある。よって，客単価にも大きな開きが出るのが常であるが，それをどうやって平準化させるべく企業努力をしているのか，これは今後の追加調査の貴重

なテーマとなる。


# 3 おわりに

　本稿では，エスノグラフィーの作成方法について，「問題発見（仮説生成）型」と「テーマ設定（仮説検証）型」に分けて説明していった。

　「問題発見型」では，調査からどのような「気づき（発見）」が得られたのか，思いつくままに様々な「気づき」を書き出していき，そこから一般化できそうなものを取捨選択していくことになる。「テーマ設定型」では，先行研究や一般的知見にもとづいて調査をし，そこで「気づいたこと」を整理していく。いずれの手法においても，最終的には，調査結果となる「気づき」からカテゴリーや仮説を抽出していく作業が最も困難になるだろう。

　フィールドにおける様々な事象から「気づき」を得ることは貴重な経験ではあるが，それを「一般的なカテゴリーや仮説」として昇華していくためには，経験のある指導者のサポートが必要になる。様々な「事象」と「気づき」と「仮説」をつなげていく作業は，「具体と抽象」を何度も往復する思考プロセスであり，これは，何度も経験を積み重ねなければ修得できないからである。

　筆者の経験からすれば，「よいエスノグラフィーからは，様々なカテゴリーや仮説を導き出すことができる」し，「次回の調査に向けた新しいテーマや課題が見つかる」ものである。もし，何もカテゴリーや仮説が抽出できなかったり，1つか2つしか抽出できなかったとすれば，設定したテーマの妥当性や有効性，テーマへの理解が十分だったのかどうかなど，自問自答しながら再調査の計画を立てる必要がある。場合によっては，フィールドワークの基本に立ち返って，最初からやり直す必要に迫られることもある。

　探検家が未知の世界へ冒険に出たからといって，全員が同じように一定の収穫を得られる訳ではない。ある者は道半ばにして倒れ，ある者は大発見をひっさげて帰ってくる。ビギナーズラックでもなければ，最初から首尾よく探検ができる者などいないし，そうした幸運な（運まかせの）探検は長続きしない。暗中模索しながら足元の草をかき分け，少しずつ前進していくこと，それに伴う苦労や喜びも，すべて含めて「サファリ（探検）」なのである。それを乗り越

えて得られる収穫こそが，サファリの魅力だと思って欲しい。

# 第6章

# 記述力のあるノーツと 分析力のある指標づくり

## 1 はじめに

　本稿では，フィールドノーツの様々な記述方法と，ノーツから得られるデータを整理し，傾向や特徴を把握するための指標の作成方法について論じていく。

　ビジネス・サファリの初学者にとって，フィールドで見聞きしたことを詳細に記述（表現）することは容易ではない。とりわけ，人物像や料理の味，店の雰囲気などを記述する時，多くの学生はノートを手にしたまま戸惑い，ボキャブラリーや表現力の乏しさを痛感する。結局，「若者たち」「中年男性」「カレーの匂い」「明るい店内」といった，ありきたりの表現しかできず，対象の細かな特徴まで把握し記述できないまま，情報量の少ないノーツで終わってしまう。日頃から様々な書籍や雑誌を通して多様な文章表現に触れることもなく，見聞きする物事すべてに「やばい！」しかいわないのであれば当然の結果ともいえるが，こうした状態ではスキルアップは見込めない。

　また，フィールドでの様々な現象を整理するための指標（基準）を自分なりに設定することも難しい。繁華街やショッピングモールなど，様々な人々が行き交い，雑多な現象が目の前で生じるような状況で，どのように事象を整理してよいものか戸惑うことも多々ある。結局，年齢や性別，グループ構成といった一般的な指標を毎回利用することになり，同じような結果しか得られないことがある。こうした時，人々の行動特性や店舗のプロモーション特性など，独自の指標を設けることで，これまでには得られなかった新たな知見や仮説が得られることがある。

　こうした現状を踏まえ，以下では，フィールドノーツの詳細な記述方法と，データを整理する上での指標の作成方法について有効な処方を示していく。

# 2 フィールドノーツの記述方法

　フィールドで見聞きしたことをどのように「文章表現」するかは，本人の語学力にほぼ比例する。基本的には，様々な書物や文献に触れ，表現方法を学ぶことが遠回りのようで最短の方法であろう。しかし，ビジネス・サファリを習得する上では，作家レベルの表現力を目指す必要はない。誰が読んでも理解できるような平易な記述と，様々な知見や仮説を導き出すことができる詳細な記述を心がけることが重要になる。したがって，豊かな「表現力」というよりも，できるだけ客観的で詳細な「記述力」が大切になる。

　例えば，「若者であふれるストリート」という記述は，一見，わかりやすいように思われるが，どのようなタイプの若者なのかが漠然としていて詳細が不明瞭なため，これ以上の分析ができない。10代が大半なのか20代なのか，男性が多いのか女性が多いのか，また，彼らの服装や髪型によって，どのようなカルチャー層の若者が多いのか，詳細な記述があれば，それをもとに分析をすることができる。「コスプレをした10代の女性たちがクレープなどを手にストリートを闊歩しており，30分間で45人を計測した」という記述であれば，そこが10代女性にとってのファッション情報発信地であることが推測できる。そこから，10代女性たちと，各店舗の特徴や店舗構成などとの関連性を分析したり，仮説を導き出したりすることができる。

　こうした点を踏まえて，以下では様々な記述方法を示していく。

## (1) アクセス情報の記述

　店舗などへのアクセスについては，「駅から徒歩10分ぐらい」「商店街に出店している」といった記述が多く見られるが，それでは詳細な状況がわからない。以下は，駅からショッピングモールへのアクセスを記述した例である。

　駅の2階にある改札を出て右に進み，駅前ロータリーの上に架かっている木製のデッキを30mほど歩いて行くと，ショッピングモールの3階入口につながる。デッキには，4人がけのベンチが3つ，約2m間隔で設置されている。ベンチでは，ブレザーの制服を着た男子高校生が2人，ジュースを飲みながら談笑している。店舗の入口には，インフォメーションの看板があり，日本

語と英語でフロア構成が表記されている。その下には，体温測定器と消毒液が置いてある。入口の左側にはエレベーターがあり，身障者用のインターホンが備え付けてある。入口とその周囲は，ガラス張りになっているので外から店内の様子が見える。ただ，イベントやキャンペーンのポスター，アルバイト募集のチラシなどが一面に張られているので，店内全体が見える訳ではない。

## (2) 店内の記述

　フロア構成や各フロアの特徴は，パンフレットやＨＰに掲載されているので，それを参照すれば問題ないが，以下のような記述方法もある。

　　1階は，入口すぐに雑貨と文具が並べられていて，左側には30人ほどが入れるカフェがある。右側は化粧品コーナー。…5階に上がると，壁の色がオフホワイトから薄茶色に変わる。棚は薄い木目調の黒色で，床は赤と茶色の絨毯張りで，ほのかに香水の香りが漂っている。店内の通路は広く，両手を広げても届かなかったので，2mぐらいはあるだろう。商品棚は150cmぐらいと低い。商品は平置きにされており，見やすく，ゆったりとした雰囲気を感じる。店内は静かで，意識しないと聞こえないぐらいの小さなボリュームで環境音楽のようなメロディーが流れている。高級感が漂うフロアは，この店のブランド・イメージを象徴しているのかもしれない。

　　地下の食品売り場では，バレンタイン向けのチョコレートが豊富に並べられていたが，3階の雑貨売り場でも，これでもかというぐらいのチョコが並べられていた。さらに，レストランでもチョコを用いたデザートフェアが開催されており，全館で「バレンタイン推し」をしているようだった。

　　女性誌コーナーは，向かって右側からティーン向け雑誌，その隣は20代向け，そして30代向け雑誌，職業情報誌，結婚関連の雑誌という順になっていた。これを見て，女性のライフステージとライフスタイルの順序に並べられていることに気づく。

　　イベントやキャンペーンのポスターやPOPは，メーカーなどから提供されたであろう販促ツールと，お店で作成された手書きやワープロ書きのものとに分けられる。メーカなどから提供されたであろう販促ツールは，どれもカ

ラーで洗練されているが，お店がつくった販促ツールは「手作り感」満載であった。

店の奥には2m×1mほどのスクリーンが掛けられていて，洋画が映されていた。しかし，音声が聞き取れる訳でなはく，映画とは無関係なBGMが流されていた。周りを見回しても，映画を見ている人は誰もおらず，食事や会話に夢中になっている。スタッフも気に掛ける様子はなく，店内環境を演出する1つの手法としてこうした映像を用いているのだろう。

男性トイレは，小1つ大1つと，フロアの広さの割には少なく感じた。洗面台は1つで，手をかざすと水と石鹸が自動でそれぞれ出てくるタイプ。壁にはペーパータオルが備え付けてあった。洗面台の奥には，ポンプ型の消毒液が置いてあり，20cmぐらいの大きさで，手で上から押すとシュッと出てくるタイプ。ボトルには，盗難防止のために店の名前が書いてあった。隣の多機能型トイレは，スライド式のドアで，車イスでも出入りできるよう広くなっていた。手すりは2か所に付いていて，子供が座れるイスも設置されていた。

## （3）スタッフの記述

ビジネス・サファリでは，店舗スタッフの観察記録がよく行われる。以下は，服装などにもとづくスタッフの特徴を記述した例である。

地下にある食品売り場のレジカウンターのスタッフは，白いYシャツの男性社員，白のブラウスにチェックのベストを着た女性社員，私服に店名ロゴの入った深緑色のエプロンをしている男女のバイトの3タイプが見られた。30分ほどフロアをブラブラしながら観察したところ，大半は女性社員と女性のバイトで占められていた。

3階のアパレルフロアでは，女性店員のブラウスがオフホワイトとピンクの2種類見られた。オフホワイトが3人，ピンクが1人。ピンクの方が年長のように見えるので，ひょっとしたら職位によってブラウスの色が違うのかもしれないと思った。他のフロアも同じなのか調べてみたところ，全然そんなことはなく，薄緑のセーターにジーンズという，やたらとカジュアルな服装の社員を見つけてしまった。

「実習生 杉本麻衣子」と書かれた名札を付けた女性は，小柄で物静かな雰囲

気をしていて，どことなく緊張しているように見えた。この「まいまい」の隣で指示を出している30代ぐらいの女性は，細身でクールな印象を受けたので「クール・ビューティ」と名付ける。その奥にいる背の高い「ブルーなイケメン」は，スカイブルーのシャツに紺のパンツ，さらに濃紺のエプロンを着けて，奥の方でテキパキと品出しをしていた。

## (4) 接客態度の記述

　店員の接客態度をできるだけ客観的に記述するのは，意外と難しい。「丁寧な接客態度」「やる気のない態度」と記述するのは構わないが，どれくらい丁寧なのか，やる気のなさがどのような態度に出ているか，できるだけ詳細に記述した方がいいだろう。

　　レジカウンターには，中年男性の店員が入っていて，彼以外は若い女性の店員やアルバイトだったことから，おそらく監督する立場の人なのだろう。なかでも，白髪交じりでオールバックの男性は，「こんにちは〜。いらっしゃいませ〜」「ありがとうございま〜す」と語尾を上げながら，フロア全体に聞こえるぐらいの大きな声で接客をしていた。テンション高めの接客をすることで，売り場の雰囲気づくりをしているように思えた。だからといって，女性スタッフもテンションを上げているかというと，そんな様子は全然見られず，黙って淡々と各自の仕事をしていた。

　　テイクアウトコーナーで立っている女性スタッフは，ピンクのハイネックに白のエプロンをかけている。茶髪でソバージュ，美白系のメイクで細い眉毛。ネイルが気になるようで，ずっと爪をいじっている。一瞬だけ顔を上げた時，僕と目が合ったが，すぐに目線はネイルに戻った。「いらっしゃいませ」の声かけもなく，お客よりもネイルの方が気になる様子だった。

　　カウンターでは，アルバイトと思われる大学生ぐらいの女性スタッフが，ため口で中年の男性スタッフと世間話をしている。「電車に（乗り）遅れちゃって〜」「…っていうか〜」という，イマドキのギャルっぽい口調。男性スタッフは楽しそうに頷いている。彼女が，「ふつー，…みたいなことする？」と話すと，男性は「まぁ，ね〜」といいながら，カウンターに近づく客の姿に気づいて，「あ，いらっしゃいませ」と挨拶をしながら，会計をしようとレ

ジ前に立つ。ギャルのスタッフはその場を動くこともなく，茶髪をいじりながら枝毛を探し始めた。男性が会計をしている間，ギャルはずっと枝毛探しに熱心で，客に関心を示すことはなかった。男性スタッフの会計が終わると，「で，さぁ～」と，さっきの話の続きが始まった。

## （5）顧客の記述
来店客の記述は，性別，年齢層，グループ構成，人数，服装や持ち物，言動などが中心となる。

来店客は，11:30～13:00の間で32人（24組）。ほとんどは12時過ぎから入ってきた客で，最初からいた客は2組だけだった。そのうちの1組の3人は，資料を見ながら商談のような話をしていた。もう1組はパンツスーツの20代の女性1人で，しきりと髪をかき上げながらランチセットを食べていた。客層の大半は，スーツ姿やジャケットを着た男性の1人客で，計21人だった。近くのオフィスに勤務している人たちなのだろう。ランチの時間帯としては，客数は少ないように思った。お陰で，お店の人や他の客に気を遣うことなく，のんびりと観察できた。

店内には，8人ぐらいのお客がいて，全員が女性であった。1組は30代の女性3人で，パスタセットを食べながら子供の話に夢中になっていた。1人は茶色のロングスカートに薄いカーディガンで，サンダルのようなデザインの靴というカジュアルな服装。メイクはナチュラルというか，あまりしていないような感じ。他の2人も同じようなカジュアル系の服装で薄化粧だった。

奥の席の中年女性は，上下紺のスーツに茶色のハイヒール。髪を後ろで束ね，バッチリメイクをしていた。コーヒーを飲みながらパソコンをカチャカチャやっている。リターンキーをクリックした後，「フーッ」とため息をついた。コーヒーを一口飲んだら，座ったまま背筋を伸ばした。パソコンの横に置いていたスマホを手に取り，メッセージが来ていないか確認しているようであった。何だか「バリバリのキャリアウーマン」って雰囲気が漂っている。

駅の改札方面からデッキを渡って来る人たちは，全員がそのままショッピングモールに入っていった。彼らの大半は，入口の奥にある食品スーパーに入っていったり，上りのエスカレーターで他のフロアへと向かっていくこと

から，駅からの動線のレイアウトによって，電車の乗降客が見事に店内に誘導されていることがわかった。中年男性の2名だけは，下りのエスカレーターに乗って店を出て行ったので，駅からの「通り道」として利用する人は少ないといえる。ただし，これは夕方の帰宅時間だったからかもしれない。朝の通勤時間帯だったらどうなるのだろう。

## (6) 買い物を記述する

　ビジネス・サファリでは，自身の買い物体験を記述するのも重要な方法である。以下では，買い物体験の記述例を示していく。

　店に入ると，近隣の農家で採れた野菜や果物の他に，いろいろな種類のキノコが並んでいることに気づく。POPによると，すべて隣の工場で生産しているそうである。椎茸を使った様々な惣菜や弁当も並んでいて，これも隣のキッチン（工場）で作っているらしい。パック入りのお惣菜には，椎茸の煮物やキンピラなどのほか，「椎茸の天ぷら」なるものが置いてある。しかもそれは5〜6cmほどの大きさで，自分の指の長さと変わらないサイズ。「とりあえず，これは買っとかないと」と思いながら手に取る。

　セルフレジで会計をしていると，エラー表示が出て，店員を呼ぶように指示が出た。周りを見ても店員はいないので，呼び出しボタンを押して待つこと約2分，20代の男性店員が奥から出てきた。画面の表示を見るなり，「少々お待ち下さい」といって奥に消えていった。さらに待つこと約5分，今度は店長らしき中年の男性店員が出てきた。何やら大事になりそうな予感がした。

　クリスマス前のこの時期，どんな商品が売れているのか気になったので，近くにいた女性店員に，「この時期って，どんなのが売れてるんですか？」と聞いてみた。すると，1,000円前後の文具セットやお菓子の詰め合わせなど，クリスマスプレゼントやパーティーでの景品として購入していく人が多いそうである。「お客様も，パーティーか何かでご入り用ですか？」と聞かれたので，「ええ…」と答えた。パーティーどころかデートの予定すらないのに…。

# 3 指標の作成法

　フィールドで観察・記録される様々なデータをどのように整理するか，その指標（分類基準）の設定方法によって，データから導き出される知見は大きく変わる。我々は，年齢や性別といった一般的な指標で来客数などのデータを分類することが多いが，こうしたデモグラフィック要因にもとづく分類は汎用性が高い一方で，画一化された分析結果しか導き出せないというデメリットもある。そこで以下では，エスノグラフィーの作成に有効な指標とその作成方法をいくつか紹介していく。

## 3-1　属性指標と行動指標

　上記のデモグラフィック要因に，服装や髪型，靴の種類（革靴／スニーカー），鞄などの持ち物，車種やナンバープレートの県名といった対象者の「属性指標」を追加的に用いると，顧客の様々な属性にもとづく特徴が導き出せる。また，店内移動のエスカレーター派／エレベーター派／階段派，支払い方法の現金派／クレジット派／電子マネー派といった「行動指標」を用いると，顧客の行動特性にもとづく示唆（仮説など）を得ることができる。駅前や繁華街で女性を観察する時，ヒールの高さ（ハイ／ロー）で分類すると，「近所でお買い物」なのか「ヨソ行きのお出かけ」なのかがおおよそわかる。なぜなら，近所で買い物をする時に，ハイヒールで出かける女性は滅多にいないからである。その意味では，「靴の種類やヒールの高さ」という指標は，対象の属性だけでなく，行動特性も把握できる有効な指標となる。こうした指標を自分なりにどれだけ設けられるかが，より深い洞察や興味深い仮説の導出につながる。

　上記の指標とデモグラフィック要因とを組み合わせると，次のような表ができる。図表6-1では，ビジネスパーソンが多くカウントされており，オフィス街の特徴を反映していることがわかる。図表6-2では，日本人旅行者には現金派が多く，外国人旅行者にはクレジットや電子マネーなどのキャッシュレス派が多いことがわかる。こうした支払い行動の違いをもとに，観光地や商店街でのキャッシュレス対応の現状と課題を考察することができる。

図表6-1　性別と靴の種類

|  | ビジネスシューズ<br>（革靴） | カジュアルシューズ<br>（スニーカーなど） |
|---|---|---|
| 男性 | 26人 | 10人 |
| 女性 | 16人 | 7人 |

図表6-2　旅行者のタイプと支払い方法

|  | 現金派 | クレジット派 | 電子マネー派 |
|---|---|---|---|
| 日本人旅行者 | 36人 | 10人 | 4人 |
| 外国人旅行者 | 5人 | 18人 | 16人 |
| 対応店 | 52店舗 | 48店舗 | 23店舗 |

## 3-2　指標の作成

　測定指標がないような状況では，独自の指標を設ける必要がある。筆者が都内のショッピングモールで行った若者のデート行動に関する調査では，以下の指標を設けた。ここでいうカップルとは，10代後半から20代の男女ペアをさす。

### ①カップル占有率（％）

　これは，1店舗における調査時間内でのカップルの占有率をさす。「来店客・グループ総数（N組）」に対する「来店カップル総数（n組）」の割合，すなわち「n／N×100＝カップルの割合」で計算する。カップル占有率が高ければ，その店舗はデートコースの1つとして利用されている可能性が高いことになる。これが低い場合は，若いカップルにはあまり利用されていない，つまりデートに不向きな店の可能性が高い。

### ②買い物指標

　これは，1店舗内でのカップルの平均的な買い物行動（買い物時間と購買率）を表す指標である。

a) **イチャつき時間（分）**：1店舗内における調査時間内でのカップルの平均的な買い物時間をいう。「来店カップル総数（N組）」に対する「カップルの買い物時間総数（n分）」の割合，すなわち「n／N分（1組あたりの買い物時間）」で計算する。カップルが店内で商品を物色しながら会話したり，使用・購入

**図表6-3　買い物指標にもとづくカップルの消費特性**

| | | イチャつき時間（分） | |
| --- | --- | --- | --- |
| | | 長い | 短い |
| イチャつき購買率（％） | 高い | ・時間消費型のデート消費<br>・長時間滞在後に商品購入<br>・カップルで賑わう店になる | ・目的買い志向のデート消費<br>・短時間の滞在で商品購入<br>・カップルの入れ替わりが早い<br>・店としては最も効率的な客層 |
| | 低い | ・イチャつき時間のみが長い<br>・長時間物色するが買わない<br>・カップルの長時間滞在が売上につながっていない店 | ・買い物時間も購買率も低い<br>・店内を覗くだけ（チラ見）で出て行く<br>・カップルの頻繁な出入りが売上につながっていない店 |

　したりする時間で，イチャつき時間が長いほど，当該店舗での時間消費型デートの割合が高いことになる。

b)　**イチャつき購買率（％）**：これは，1店舗における調査時間内でのカップルの商品購買率をさす。「来店カップル総数（N組）」に対する「商品を購入したカップルの数（n組）」の割合，すなわち「n／N（1組あたりの購買率）」で計算する。イチャつき購買率が高ければ，店内でのデートが実質的な消費（売上）につながっていることになる。逆に，a)「イチャつき時間」が長い割にはb)「イチャつき購買率」が低い場合，ショッピングのみの，いわゆる「冷やかしカップル」が多い店となる。

　これらの指標を用いることで，調査対象となる店舗でのカップルの購買行動を把握することができる。買い物指標にもとづくカップルの消費特性は，上の図表6-3のようにタイプ分けすることができる。

## 3-3 独自の指標による調査結果

　上記の行動指標を用いてカップルの行動を整理・分類したところ，以下の結果が明らかになった。

### ①カップル占有率の高い店舗特性

　ショッピングモールには様々な店舗が出店しているが，なかでもカップル占有率の高い店舗は，アクセサリーショップやファッション雑貨・バラエティ雑貨店（生活雑貨やキャラクターグッズなどを扱う小売店）に集中していた。これに対して，ファッション・アパレル関連の小売店はカップル占有率が低く，デートコースの一部になっていないことが判明した。特にカップル占有率が高い店舗は，アクセサリーショップTK（占有率82%），インポート雑貨を揃えた海外の高級ブランド店CC（53%）であった。しかし，同じようなファッション雑貨・バラエティ雑貨店でも，カップル占有率の低い店舗もいくつか見られたことから，ブランドイメージや品揃えによってカップル占有率が異なるのではないかと推察できる。

　キャラクターグッズ店も，ネズミのキャラクターで有名なDSNは，カップル占有率が25%，小さな子供を連れた若い親子連れの占有率が34%であったのに対して，犬のキャラクターで有名なSNPでは，カップルが32%，若い親子連れが22%と両者の割合が逆転していた。こうしたことから，同じような業種・業態の店舗でも，キャラクターイメージによってカップルは店舗を選んでいるのではないかと推測できる。

### ②買い物指標にもとづく特性

　カップルのイチャつき時間が長い店舗は，先述したTK（平均14分）とCC（12分）で，他店よりもカップルの密着度（手をつなぐ，肩を寄せ合う，男性が女性の腰に手を回すなど）が非常に高かった。なかには，女性が男性にアクセサリーをおねだりする光景も見られた。キャラクターグッズ店のDSN（平均12分）とSNP（8分）では，カップルは一緒に雑貨を選んだり，ぬいぐるみでジャレ合っていた。バラエティ雑貨のPLZ（7分）やMCC（5分）では，カップルは文具，キッチン・バス用品，菓子類を一緒に選んでいた。これらの店では，まさに「イチャつきながらの買い物」が実践されている。

　イチャつき購買率では，先述のSNP（67%）とDSN（56%）が高く，雑貨や

ぬいぐるみを中心に購買点数が多い（平均2.8点）。ぬいぐるみやおもちゃを手に取ってジャレ合うカップルはよく見かけるが，長時間ジャレ合うカップルに限って購入する割合は非常に低い。一方，先述のTKとCCは，カップル占有率も高く，イチャつき時間も長いが，平均価格帯が若者にとってはやや高いこともあり，購買率は低い。

### ③店舗内行動の類型化

　カップルの行動記録を整理していった結果，以下の3タイプに類型化することができた。ただし，1組のカップルが店舗によって行動パターンを変えることもあるので，これらの類型は「1対多（1カップルが1〜3パターンをとる）」の関係にあるといえる。

### P1：回遊型

　これは，カップルが一緒に商品を選びながら店内を回遊していくタイプで，サブカテゴリーとして，以下の2タイプがある。

P1-a）女性主導型：回遊型の大半は，女性が男性をリードしながら店内を歩き回るタイプである。女性が「カワイイ〜！」といいながら雑貨やぬいぐるみを手に取り，男性に見せながら賛同を求めるというのが典型例である。先述したSNPでは，男性が女性の鞄や荷物を持ってあげ，さらに買い物カゴを手にしながら店内を歩き，女性が選んだ商品をカゴに入れていくという行動パターンがよく見られた。逆にDSNでは，こうしたパターンは見られなかった。

P1-b）男性主導型：これは，男性が女性に商品特性や使用方法などを説明するウンチク型である。男性向けの雑貨やおもちゃ売り場では，女性に向かって得意げにウンチクを垂れる男性が何人も見られた。ただ，女性はあまり関心がないようで，生返事をしているようだった。逆に，女性が男性に商品説明をしているケースはほとんど見られなかった。

### P2：売り場反応型

　これは，カップルで入店した後，売り場構成や品揃えによって，一緒に行動したり別行動をとったりと，行動パターンが変わるタイプである。このタイプが顕著に見られたのは先述したPLZで，カップルが一緒に雑貨を選んでいても，コスメや下着売り場に近づくと男性が自然と女性から離れ，文具などの売り場へ移動する。女性が商品を選んでレジに並ぶと，それを見た男性はレジで合流し，一緒に店を出て行く。コスメや下着をカップルが一緒に選ぶようなことは

ほとんどなく，男性は居心地悪そうにソワソワしたり，少し離れて腕組みをしながら眺めている。

## P3：完全分離型

　これは，カップルが店舗前までは一緒に来るものの，入店するのは女性だけで，男性は外の通路でスマホを見ながら待っているというタイプである。先のDSNで顕著に見られた行動パターンで，店の外では，女性たちの買い物を待つ男性が7〜8人，通路の壁にもたれながらスマホを見たり，廊下にしゃがんだりしていた。同じ，動物のキャラクターグッズ店であるSNPや，カップル占有率の高い他の店舗では見られない光景であった。


　これらの指標によって，

H1：カップルのデートでは，アクセサリーショップやファッション・バラエティ雑貨店が好んで利用される

H2：彼らは，店舗特性（売り場構成や品揃え，店舗のブランドイメージなど）に反応しながら，3パターンの買い物行動をとる

という仮説を導き出すことができた。これを別の日時や，他のショッピングモールでも検証していくことで，仮説を一般化することができる。


# 4 まとめ

　本章では，フィールドノーツの記述方法と，記述したデータを整理・分析するための指標の作成方法について論じていった。

　フィールドノーツの記述方法では，アクセス情報の記述，店内の記述，スタッフの記述，接客態度の記述，顧客の記述，自身の買い物の記述について論じていった。これらの記述方法を参考にしながら何度もフィールド調査を重ねていくことで，様々な事象を無理なく記述できるようになるだろう。

　指標の作成方法では，デモグラフィック要因にもとづく属性指標と，店内行動などの行動指標を設けることの意義と，若いカップルの買い物行動を通した指標の作成方法について論じていった。これらの指標を用いたことで，2つの仮説を導き出すとともに，今後の調査につながる指針を得ることができた。こ

れをさらに進めていく事で，若いカップルの店舗内行動パターンを把握することができ，実務的・学術的な知見を導出し活用することができるだろう。

　本章で示した様々な指標は，他のどのような事例に応用できるか，また，どのようにアレンジすれば他の事例にも応用できるか考えみて欲しい。食品スーパーでの顧客の買い物行動，野球場やサッカースタジアムでの観戦者の行動，電車内での乗客の行動など，身近な事例を通して，どのような指標を設けられるか，あれこれと思考を巡らせながら調査をしていくことで，独自の優れた指標を設けられるようになるだろう。

［参考文献］

Emerson, Robert M., Fretz, Rachel I., Shaw, Linda L. (1995) *Writing ethnographic fieldnotes*, The University of Chicago Press.（佐藤郁哉，好井裕明，山田富秋訳『方法としてのフィールドノート現地取材から物語作成まで』新曜社，1998 年）

佐藤郁哉（2004）『フィールドワークの技法―問いを育てる，仮説をきたえる』新曜社。

佐藤郁哉（2002）『組織と経営について知るための実践フィールドワーク入門』有斐閣。

菅原和孝（2016）『フィールドワークへの挑戦―＜実践＞人類学入門』世界思想社。

箕浦康子編著（1999）『フィールドワークの技法と実際：マイクロ・エスノグラフィー入門』ミネルヴァ書房。

第Ⅲ部

# ICTを活用した
# ビジネス・サファリの技法

# 第7章

# スマートフォンを活用した ビジネス・サファリ
## ─都市型フィールドワーク入門のための一技法─

# 1 はじめに

　本小論は，スマートフォン（以下，慣例に従いスマホと略す）を活用することにより，大林・神原（2018）が開発したビジネス・サファリを，より取り組みやすく，かつ効率的に実行する一手法の紹介である。

　ビジネス・サファリとは，ビジネス教育における都市型フィールドワーク入門用のアクティブ・ラーニングプログラムである。その意図するところは，日常におけるビジネス現象の観察を，サファリ探検として意識させることにより，心躍る学習経験に転換することにある[1]。ビジネス教育への導入用アクティブ・ラーニングプログラムとして開発したことから，初学者でも取り組みやすいことが重要である[2]。

　ICT革命の結果，学生のほとんどがスマホを携行する時代となり，その利用にあたっての習熟度も高い事実がある。スマホは，通信，情報検索，情報記録（画像，音声，文章タイプ入力，手書き入力），そしてGPSによる位置情報の捕捉が可能なデジタル複合機を携行することを可能にした。さらに，スマホ携行時の活動情報のタイムラインを自動的に記録するライフログと呼ばれるジャンルのアプリケーションが実用段階に達している。ということは，フィールドワーク実施にあたって携行する機材は，極論とすればスマホのみで良い時代となったわけであり，学生にとって身近なものを利用したプログラムを開発するのは自然であろう。

　以下では，スマホを活用したビジネス・サファリを実査段階と発表段階の2段階に分けて解説する。第1節では，スマホとライフログのみで実行可能なフォト・サファリを紹介してから，実査手法を解説する。いわば，新しい発見と

いう獲物の"狩り"を行う場合に必要な道具立て，つまりツールボックスである。次に，第2節では，いったん資料を展開してから収束型発想法（KJ法など）を行う際に有用なツールボックスを紹介する。これは，ビジネス・サファリの獲物の"トロフィー"を獲得するためのツールボックスである。最後はまとめにかえて，学生へのメッセージである。章末の2つの付論には，ゼミナール合宿で実施したビジネス・サファリのプレゼンテーションを掲載した。

# 2 ビジネス・サファリの実査用ツールボックス

　本小論におけるスマホは，ゼミナール生達の所有シェアを参考にApple社のiPhone8以降の利用を前提とする[3]。加えて，インターネット接続，必要なアプリケーションが搭載されたPCの利用も前提とする[4]。

## 2-1　ライフログ・アプリケーションを利用したフォト・サファリ

　ツールボックスの中でも，最も利用価値のあるものは，ライフログ・アプリケーションである[5]。ビジネス・サファリは，日常から新しい発見を探索するプログラムであるから，その実施にあたっては，しばしば道に迷ったり，路地に入り込んだりする。そのため，たどったルート，撮影した画像，取ったメモを整理する手間が大変であった。しかし，スマホのライフログ・アプリケーションが実用的になったことから，行程の位置情報，時間，天気，途中撮影の画像などを自動的に記録し，さらに全行程のマッピングまで可能となった。つまり，ビジネス・サファリのほぼ完全なタイムラインの記録が自動的に残るわけである。

　まず，SilentLog（無料ライフログ・アプリケーション・内部課金あり）を紹介する[6]。SilentlLogは一度インストールすれば，起動する必要なしに，タイムライン（位置情報・時間・天候情報，移動距離）を記録する。その際にスマホで撮った画像をタイムライン上に記録し，全行程は地図上に展開したものを表示する機能を持っている[7]。移動中の行動，例えば，停止している場合は滞在として記録し，徒歩，車，電車など移動手段も自動的に識別して記録する。スマホ

図表7-1　タイムラインのスクリーンショット

図表7-2　行程マップのスクリーンショット

で撮った画像はタイムライン表示において最初の1枚目と枚数を表示する。図表7-1はタイムライン表示のスクリーンショットである。タイムライン表示の左上部に日付，天気，気温が記録され，徒歩時間，そして撮影した最初の画像と枚数，一定時間以上滞在した場所と滞在時間数が表示される。図表7-2は行程マップのスクリーンショットで，地図上に行程と滞在場所がアイコンで表示される。

　"フォト・サファリ"は，SilentlLogの練習のためのアクティビティーとして考えた。散歩や通学の際に，日常の中に新しい発見を求めてスマホで画像を撮り，それを発表するアクティビティーである。普段，ルーティンで行っている活動を新鮮な好奇心で見直し，新たな発見をしようとするものである。

　ごく単純な例として，筆者の京都における通勤路のフォト・サファリを紹介する。[8]普段は通り過ぎるだけだが，意識して立ち止まりながら撮影した。図表7-3は，SilentlLogのインターネットサイトのダッシュボードから行程マップをダ

**図表7-3　通勤路マップ**

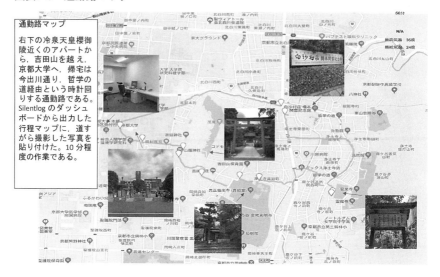

通勤路マップ

右下の冷泉天皇櫻塚御陵近くのアパートから、吉田山を越え、京都大学へ。帰宅は今出川通り、哲学の道経由という時計回りする通勤路である。Silentlogのダッシュボードから出力した行程マップに、道すがら撮影した写真を貼り付けた。10分程度の作業である。

ウンロードし、撮影した写真を貼り付けた行程マップである。[9] グーリー（2016）が提唱する"日常の探検"、つまり「すでに知りつくされた世界で何らかの発見をして、何らかの表現手段を用いてその発見を世に知らしめること」を、PCを利用してごく単純に実践したものである。この作業に要したのは、10分程度と短時間であった。この行程マップに文章を付ければフォト・エッセーが完成する。

## 2-2　ビジネス・サファリ実査用ツールボックス

　ビジネス・サファリの実査において有用な機材やアプリケーションを、リストアップしておく。スマホとSilentlLogに以下を加えたものがビジネス・サファリ実査用のツールボックスである。

### • 紙のメモ用紙と筆記用具

　すべてスマホで完結するのも一案だが、やはり紙のメモ帳と筆記用具は必要である。メモは1枚1件、表紙のみ利用の原則を守ることにより、ビジネス・サファリの収束的発想法（KJ法など）実施の際に利用できる。そのためには、ポ

ストイットなどの貼って剥がせる付箋紙のブロックメモ，あるいはメモを取りやすく，メモ用紙の抜き差しができるリングメモを用意する。[10) 付箋紙ブロックメモの場合は散逸しないように紙挟みなどにしまう必要がある。さらに，筆記用具として多機能ボールペンが有用であることに疑問はないであろう。

- **シンプルカメラ高画質（無料カメラ・アプリケーション・内部課金あり）**

純正の「カメラ」はシャッター音が大きく，店内，レストラン，図書館などで写真を撮る場合には，静音シャッター機能が欲しい。「シンプルカメラ」は無料バージョンで十分な機能を持ち，かつシャッター音をオン・オフできる。SilentlLogと同期するので，撮影したものはタイムラインに記録される。撮影エチケットとして，個人肖像権の尊重，事前の撮影許諾の遵守は基本であり，隠し撮りといった不適切な利用を奨励するものではないことを確認しておく。

- **OfficeLens（無料スキャナー・アプリケーション）**

標識，ポスター，サイン，手書きメモなどを記録するには，スキャナーの方が正確に撮影することができる。ホワイトボード，ドキュメント，名刺モードがあり，赤い枠内に入った画像を歪み補正して記録することができる。専修大学はMicrosoft Office365を導入していることから，クラウド・サービスのOneDriveを利用するとPCとの連携がシームレスである。

- **破損防止用のケース・ストラップとモバイルバッテリー**

スマホを常に利用することから，落としたり，ぶつけたりと破損させる可能性が高いので，ケースで保護し，ストラップで落下防止をする。[11) 通常よりバッテリーを消費するので，モバイルバッテリーが必要となる。モバイルバッテリーとしては，10,000mAh程度の容量，充電ケーブル内蔵で丈夫かつ軽いものが便利である。[12)

## 2-3　ビジネス・サファリの実査マニュアル

実施対象（テーマ，場所，時間，予算など）は決定済みとする。前日までの準備として必要な，下調べ，対象地域・時間・テーマに対応した適切な服装，実査用ツールボックス，ショルダーバッグないしはデイバッグなど両手が空くカバン，その他の個人的に必要な携行品の確認などは前提とする。

1. スマホを利用するが，ビジネス・サファリで肝心なのは自分の五感を活用し，新しい発見を探し回ることである。実施フィールドを歩き回り，記録するべき被写体をとにかく多数撮影する。
2. 画像は目線の位置を上下左右と変えて撮る。全体像と近接像をセットで撮る。文字情報やポスターなどはOfficeLensでスキャンしておくと良い。
3. フィールドメモを取る。なぜその画像を撮ったのかをメモしておくことは重要である[13]。フィールドメモは，手書きでメモ帳に記入する方が手早い。しかし，個人の熟練度によっては，スマホに直接入力する方が効率的な場合もあろう。スマホの場合は，タイプ，手書き，音声入力も可能であるが利用環境により利便性は左右される[14]。この類いのアプリケーションは，個々人の好みもあるので，ここでは特定のものを指定しない。フィールドメモで意識しておくべきキーワードとして，5W1Hと，マーケティング・フレームワークのSTPと4P・4Cを挙げておく。5W1Hはメモの基本であるから必須であり，その上にSTP，4P・4Cという概念に適合する事実や発見をメモしておくようにすると良い[15]。
4. 適時，休憩を取り，メモ帳を整理し，SilentlLogのタイムラインをチェックし，滞在箇所を編集してメモを入力する。手書きメモはOfficeLensでスキャンしておくと発表の際に便利である。

# 3 ビジネス・サファリの発表用ツールボックス

実査からもどったら，写真とメモを整理し，発見をさらに深化させ，最終的に発表となる。大量の画像とメモを効率的に整理し，まとめる必要がある。そのための手法として，タイムライン整理や川喜多二郎（2017）のKJ法を利用することが多い[16]。

## 3-1　一覧性の確保が重要

どのような手法を取るにしても，画像やメモといった素材を，いったんすべて目の前に一覧する必要がある。すべてデジタルに処理する方法として，すべ

図表7-4　Paperang熱転写プリンターとその出力

　ての画像とメモをPCにダウンロードし，大きなスクリーン上に画像やメモを一斉に展開し，関連する画像やメモをひとまとめにしたり，重ねたり，関連性を示したりする方法がある。例えば，MicrosoftWhiteboardのようなアプリケーションは，仮想的なホワイトボード上で，そういった作業のグループワークを可能にする。[17]しかし，多くの場合，実際のスクリーンのサイズは十分でなく，一覧性に劣る。また，複数のメンバーが共同して作業を行うことを考えると，スクリーンのサイズだけではなく，場所，機材，そして費用の制約が出てくる。

　そのため，現段階ではいったんすべてを紙媒体にハードコピーしてしまう方が現実的である。そうすれば，写真やメモなどの資料を，マグネットや'貼って剥がせる'糊を利用することにより，教室の黒板・ホワイトボード，イーゼルパッド，静電気で貼れるシート状のホワイトボードや模造紙，あるいは大きな作業台の上に展開することができる。この方法であれば，資料を移動してひとまとめにしたり，関係性でまとめたり，見出しをつけたり，といったことをグループで行うことが可能となる。

　スマホで撮った画像やメモのハードコピーを取る方法はいくつもあるが，ここではランニングコストが安価な感熱ロール紙を使うグレースケールの熱転写

図表7-5　スマホdeチェキ カセット式プリンターとその出力

プリンターPaperang（図表7-4）と，コストは高いがカラー写真品質のカセット式プリンターのスマホdeチェキ（図表7-5）を紹介する。両者ともインクやトナーを必要とせず，スマホにアプリケーションをインストールすれば，直接印刷が可能となる。熱転写プリンターはコンビニやスーパーのレジで出るレシート同様のものであり，解像度も低いグレースケールだが，消耗品代は安い。カセット印画紙（instax）は高価で印刷開始から完全に発色するまで約1分必要であるが，画像はいわゆるポラロイドであり，カラー写真と同等である。

## 3-2　ビジネス・サファリ発表のまとめ方（タイムライン整理）

実査後，直ちにできることは，フォト・サファリつまりライフログを利用したタイムライン整理である。

SilentlLogのタイムライン記録と撮影した画像（手書きのメモはスキャン）を整理・加筆すると，短時間の作業で行程記録を作成することができる。PC上で行えば，よりくわしい行程マップやフォト・エッセーを作成することもできる。

**図表7-6　資料の一覧**

（前掲の図表7-3参照）

画像など資料のハードコピーを出したならば，シート状のホワイトボードなどを利用し，付箋紙などで簡単な見出しを各資料につけ，貼って剥がせる糊などを活用しながら，キーワードやキーフレーズを媒体上にマーカーなどで書き入れれば，フォト・サファリのポスターを作成することができる。

## 3-3　ビジネス・サファリ発表のまとめ方（KJ法）

　KJ法を開始するにあたっては，特に最初の段階において資料の一覧性が重要である。スマホで撮影した画像やメモなどのスマホ画面のスクリーンショットなどをプリントアウトし，加えて紙のメモ（付箋紙のブロックメモやリングメモ帳のリングからはずしたメモ用紙）を含めて，すべてを一覧できるように展開し，検討する（図表7-6参照）。それから，関連する写真やメモをまとめて小見出し，中見出し，大見出しという括りを試行錯誤する。図表7-7は，小見出し段階の整理を，付箋とクリアファイルで行った例である。ある程度まとまった段階で，大グループ同士を，グループ間の関係性，シナリオ，ストーリー性を

図表7-7　クリアファイルによるKJ法の例示

　考慮して配置する。大グループ間，中グループ間，中グループ内，小グループ間，小グループ内の関係性を，線や矢印などで相関・因果・相互依存，相反関係を表示し，グループ間の重要性を評価して，最高得点のものを第一知見とする。第一知見として相応しくないと思えば，上記のステップを納得するまで反復する。

　KJ法が終了した段階で，模造紙やホワイトボード，シート上に結果を貼り付け，関連性や見出しを清書することでポスターセッション用資料が完成する。あるいは，コンピュータにデータを移せば，パワーポイントでプレゼンテーション用スライドを作成（章末の図表7-8, 7-9に，付論として2017年と2018年に行ったゼミナール合宿でのビジネス・サファリの成果を上げた），印刷時に便利なエクセル上に資料を配置して資料ファイルを作成，文書はワードで作成することができる。もちろん，ホームページやSNSで公表する作業も可能となる。

# **4** スマホを持って街に出よう—まとめにかえて—

　学生諸君，スマホにSilentlLogをインストールして，とにかく"スマホ"を持って街に出よう。最初はフォト・サファリで十分である。とにかく面白い被写体を探し，たくさん画像を撮ろう。そして，新しい発見を見いだし，それを発表してみよう。

　次の段階はビジネス・サファリである。ビジネスマインドを持って画像を撮りまくり，メモを取りまくり，そして発表してみよう。座学で学ぶことの多い経済学，マーケティング，経営学などの理論の実例や応用例が，日常の街にあふれていることに気づくだろう。加えて，新しい発想もしばしば身近にあるものから見い出すものである。

# 図表7-8　付論1：2017年京都パン屋

京都はパン好き

京都パン屋のビジネスサファリ

2017年度
大林ゼミナール3年生

## ビジネス・サファリとは

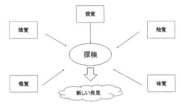

## パンの消費が多い京都市

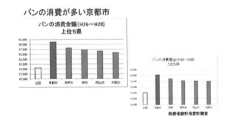

## パンと一緒に食べたい食品

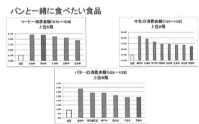

**図表7-8の続き**

パンの消費金額(in京都)

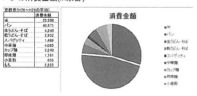

なかでも、京都大周辺の今出川通りは密集地！！

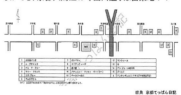

出典 京都てっぱん日記

図表7-8の続き

山田ベーカリー

概要

住所➡京都市左京区浄土寺下馬場町87
電話番号➡075-771-5743
営業時間➡6:00〜17:00
定休日➡毎週火曜日、第3・4金曜日

購入商品

・塩バターロール(90円)

・クリームパン(140円)

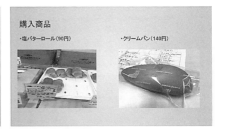

山田ベーカリーの特色

・6時に開店のため、朝の通勤
時にも購入できる。

・食べログには、冷茶サービス
をしてくれたとのロコミが！
(2016年7月更新)

・広告チラシを、毎月発行。♡

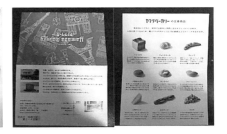

## 図表7-8の続き

図表7-8の続き

ポークソーセージ

エスニック風

変化する味

練乳フランス

王道

図表7-9　付論2：2018年京都パン屋

ビジネス・サファリ

〜京都のパン屋さん〜

実施日　2018年9月3日（月）

2018年度大林ゼミナール3年生

もくじ

I　京都のパンと今出川通り

II　実際に見たパン屋さん

III　買ったパンと感想

I　京都のパンと今出川通り

京都はパンの消費量が多い県？

菓子パン…1位
食パン　…7位
総菜パン…8位

中でも、
"今出川通り"は
パン屋さん密集地！

前年は先輩方が東から…
→今年は西から！

※1　菓子パン・食パン・総菜パンの消費量の都道府県ランキング（https://isugloo-case.com/lst-rank-consume/）　※2　京屋てっぱん日記 より

II −①大正製パン所
II −②Lu Petit Mec（ル・プチメック）

※両方ともお休みだったため外観のみ

①昔ながらのような雰囲気

先生→

②おしゃれな外観

## 図表7-9の続き

### Ⅰ　京都のパンと今出川通り

京都はパンの消費量が多い県？

| 菓子パン…1位 |
| 食パン …7位 |
| 総菜パン…8位 |

中でも、
"今出川通り"は
パン屋さん密集地！

前年は先輩が東から→
　　　→今年は西から！

※1 菓子パン・食パン・総菜パンの消費量の都道府県ランキング(https://vegloe-case.com/list-rank-consums/)　※2 京都てっぱん日記 より

### Ⅱ－①大正製パン所
### Ⅱ－②Lu Petit Mec（ル・プチメック）

※両方ともお休みだったため外観のみ

①昔ながらのような雰囲気

先生→

②おしゃれな外観

### Ⅱ－③Pin de Blue（パン・ド・ブルー）

外観　　　　　　　　　　　品揃え

・広くないが品揃えが多め
・お客さんが多かった
・奥の製造場所が見える
・販売→女性二人、製造→男性二人ほど

| 私たちの印象 |
| 品揃え ☆☆☆ |
| 内装 ☆☆☆ |
| 値段 ☆☆☆ |

値段→100円のものが多く安い印象

### Ⅱ－④Artisan`HaLLes（アルチザナル）

外観　　　　　　　　　　　品揃え

・美容院のように見える（オシャレな外観）
・パン自体が小さく、きれいで凝ったデザイン
・飲食のスペースあり
・販売→女性一人、製造→男性一人のみ

| 私たちの印象 |
| 品揃え ☆☆ |
| 内装 ☆☆☆☆☆ |
| 値段 ☆☆ |

値段→200円前後と少し高め

### Ⅱ－⑤ezu blue（エズ・ブルー）

外観　　　　品揃え

| 私たちの印象 |
| 品揃え ☆☆☆☆☆ |
| 内装 ☆☆ |
| 値段 ☆☆☆ |

・見た三店舗の中で一番種類が豊富
・スープやジャムなども販売
・大きいパンから小さいパンまである
・販売→女性二人、製造は一時停止中？

値段→200円前後だが種類によりまちまち

### Ⅲ　買ったパンと感想

③塩パン
白っぽいクリーム色
やわらかく
もちもちしている

⑤ベーコンとチーズの胡椒パン
ベーコンとチーズの
相性抜群！
わりと胡椒辛い

④白あんパン
他のお店ではあまりなかった
甘さのバランスがちょうどいい
表面にバターが塗られている

[注記]

1) 当然，ICTの発展は早く，以下の情報は早々に陳腐化する可能性が高いが，現時点で有用な情報を1か所にまとめておく価値は十分にあると判断した。

2) フィールドワーク入門あるいは解説書の多くは，良書であればあるほどフィールドワークを行う際の注意や困難性をていねいに論じすぎるため，やる気をそがれる場合がある。また，携行機材に関しても，1990年代に話題となったタウンウォッチングの機材をJMAC「ウォッチング」経営塾（1992）で見ると，カメラ（折り畳み式ポラロイドカメラ），ハンディコピー，ボイスメモ，ブック型ワープロ，電子辞書，万歩計といったものが並んでいる。もし，実際にこれらの機材一式すべてを携行したタウンウォッチングをするとなれば，大型のキャリーバッグが必要になる。

3) Android及び各種タブレットでもほとんど同じことが実現可能であるが，一部のマシンでは同じことができないか困難な可能性は存在する。例えば，アマゾン社のKindleFireなどはAndroidマシンではあるが利用できないアプリが存在する。

4) MicrosoftOfficeあるいは互換ソフトウエアで表計算，ワードプロセッサー，プレゼンテーションが可能なPC。

5) 自動的に撮影を続けたり，一定の時間ごとにシャッターを切ったりするライフログ撮影機も存在する。しかし，長時間の記録は，まとめの際にいくら早回しをしても，再生時間がかかり過ぎる。興味を持ったものを撮影する方が効率的である。

6) 無料アプリケーションである（Androidにも対応）。スマホにはアップルストアからダウンロードする。

7) 30日間250円から利用できるので購入が望ましい。https://silentlog.com 2020年2月時点価格（2022年1月25日アクセス）有料サービスの購入で，ブラウザー上のダッシュボード機能を利用でき，くわしい地図上に全行程を記入したものが利用可能となる。2020年9月30日で，本ダッシュボード機能はなくなり，iPad用SilentLogPlusに移行した。なお，有料のSilentLogPremiumで全行程を地図上に展開できる。

8) 2015年度専修大学長期国内研究員として京都大学経済研究所に滞在していた時のアパートから大学までの通勤路である。

9) ホームページ上のダッシュボード利用は有料である。

10) LIHITLABのTWISTNOTE（N-1661）は，リング式でリフィルもあり，要件を満たしている。

11) 100円均一ショップの製品で十分である。

12) 2022年1月段階で2千円台である。

13) 同じ写真でも解釈は多様となる。例えば，喫茶店でカップルがコーヒーを飲んでいる写真に「夕食は何を食べに行こうか？」という題で想像するものと，「別離の前」という題で想像するものはまったく異なる。

14) 音声入力で本や論文を執筆する著者が出てきている。https://president.jp/articles/-/20003（2018年10月27日アクセス）スマホでフィールドメモを取る場合，自由度が高いのは純正アプリケーションの「メモ」である。しかし，「メモ」はSilentLogタイムライン上に記録が残らない。また，純正メモ内で写真を撮ったものもタイムラインに記録が残らな

いことに注意する。

15) 5W1Hとは，Who誰が，誰に，年齢，性別，服装，容姿，職業，タイプはどのようか。Whenいつ，どのような時間か。Whereどこで，状況や環境はどうか。What何をしているか，何を持っているか。Whyなぜか。Howどのようにしているか。マーケティング・フレームワークのSTPは，マーケティング戦略の基本，Segmentation切り口，Targeting競争優位のターゲット選定，Positioning顧客価値やコストに応じた位置付けである。マーケティング・ミックスの基本は，売り手目線の4Pと買い手目線の4C4P：Product製品・サービス，ブランド，品質，デザイン，Price価格，割引，ポイント，Promotion広告，宣伝，Place立地，品揃え，そして4C：Customer消費者ニーズ，CustomerCost顧客コスト，Communicationコミュニケーション，Convenience利便性である。実際のメモの例：①例えば，コンビニ呑みで購入したお酒とおつまみで立ち飲みしているグループを発見したとする。Who：若いサラリーマンで男ばかりの同僚。Where：コンビニ前・横，駅の近く。When：終業後の帰宅前。What：個別に缶ビール・缶酎ハイとおつまみ。Why：安近短（安い・近い・短い）How：帰宅前にコンビニ前や公園など，ちょい呑みでコスト最小化（疑似角打ち）。呑んで話したら，そのまま別れて，それぞれが自分の予定へ。時間を取り過ぎない。サクッとした関係か。繁華街の居酒屋で曜日によるレディース割引の広告を発見したとする。S：客が減少する曜日に女性をターゲット，T：女性の顧客獲得と顧客維持，P：女性用メニュー充実，女子会誘致。4C：Customerキャリアウーマンの女子会，CustomerCost女性ばかりなら割引，Communication女性のみでも入りやすい店や，女性が多い店に男性客が惹かれる，Convenienceホテルやレストランでの女子会は幹事が面倒といった具合である。

16) その他にSWOT分析を利用する場合や，ストーリー化する場合もある。問題解決の場合はSWOT分析が適している。ストーリー化は叙述的にも空想・連想的にも利用できる。例えば，4コマ漫画エクササイズでは，関連する4枚の写真やメモを並べ，クリアファイル（クリアバッグ）に挟み，付箋を利用したストーリーの吹き出しを作成する。連想のための4コマ漫画であるから，おもしろさを追求する必要や起承転結にもこだわる必要はない。例えば，サファリの途中で行列の食堂を見つけ，ランチを食べたがおいしくなかった。①路上にあるランチメニューの立て看板と行列の写真，②メニューの絵と値段，③テーブルの上のランチプレートの写真，④ほとんど手つかずのランチプレートの写真という4枚の写真をストーリー化する。「お，また行列だ！」，「ランチ定食は，煮込みハンバーグ，サラダ，スープ，ライス付き500円」，「来た，来た！」，「あーあ，やっぱり，このあたりで1件しかない食堂だと，こんなものか」（地域独占の弊害というテーマ）あるいは，連想の訓練として，写真やメモをベースに謎かけ（○○とかけて，△△ととく，その心は，××である）をつくる。①お題のキーワード，②連想ワード，③同音異義語を探す，④つなげるという作業を行う。例えばスポーツクラブの広告とがん検診のポスターがあったとしよう。①お題「スポーツクラブ」，②連想「脂肪を減らす」，③同音異義語「死亡を減らす」，連想「がん検診」をつなげると，「散歩」とかけて「がん検診」ととく，その心はどちらも「しぼうを減らす」のが目的である。ブレーンストーミングの発想法の1つとして利用可能できる。

17）https://www.microsoft.com/ja-jp/microsoft-365/microsoft-whiteboard/digital-whiteboard-app（2022年1月25日アクセス）

［参考文献］

大林守・神原理（2018）「発見のためのビジネス・サファリ：ビジネス教育用アクティブ・ラーニング手法」『専修商学論集』専修大学学会，第106号，pp.41-62。

川喜多二郎（2017）『発想法改版―創造性開発のために』中公新書，中央公論社。

グーリー，トリスタン（2016）『日常を探検に変える―ナチュラル・エクスプローラーのすすめ』紀伊國屋書店。

JMAC「ウォッチング」経営塾（1992）『市場から何が読めるか―戦略マネジャーのタウンウォッチング』日本能率協会マネジメントセンター。

博報堂生活総合研究所（1990）『タウン・ウォッチング―時代の「空気」を街から読む』PHP研究所（PHP文庫）。

藤巻幸夫（2010）『ビジネスパーソンの街歩き学入門』ヴィレッジブックス。

# 第8章
## ビジネス・サファリにおける ICT活用
### ―フィールドワークのDX―

# 1 はじめに

　本小論の目的は，ビジネス・サファリと名付けた都市型フィールドワークのアクティブ・ラーニングプログラムにおけるICTの活用方法を紹介することである。すでに大林（2019）において[1]，スマートフォン（以下スマホ）の活用を中心にICTの活用を議論したが，技術進歩はめざましく，さらに新しいICT手段が登場している。以下では，そういった技術進歩を賢く取り入れながら効率的なフィールドワークを行う，つまりフィールドワークのデジタルトランスフォーメーション（DX）を考える[2]。

　本小論では，大前提として，ビジネス・サファリ実査直後のグループワークを想定する。記憶が新鮮な内に，第一段階の整理を行うことが重要なことは科学的に証明されている[3]。そのためには，ビジネス・サファリにグループで集合し，撮影した画像をお互いに確認し合い，さらにできれば拡散的発想法から収束的発想法を試みておく必要がある。したがって，撮影結果の共有をどのように効率的に行うかを考える必要がある。この段階で重要となるのは，撮影した静止画像の共有である。以下では，ハードウエアによる共有，そしてハードとソフトウエアを組み合わせた方法を順に紹介する。加えて，近年，動画が容易に撮影・公開できるようになり，YouTubeをはじめとして一般の動画利用も急激に増加している。知識創造を行う上で，新しい調査研究手段とその保存・発表媒体が生まれたことを意味することを考えると，そのメリットを享受する機会を逃すべきではない[4]。そこで，最後にビジネス・サファリに便利な小型軽量なウエアラブルビデオカメラと360度カメラを紹介する。最後はまとめである。

**図表8-1　プリンター内蔵カメラとカートリッジ**

Instax　チェキ
プリンター内蔵
カメラ及び
カートリッジ

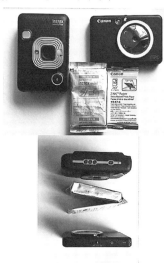

Zink™ペーパー
プリンター内蔵
カメラ及び
カートリッジ

# 2 撮影結果を利用した発散的・収束的発想法

　最初にハードウエア的手法を考える。大林・神原（2018）においては，スマホを活用した撮影結果を発散的・収束的発想法で検討する際に，グレースケールの携帯型熱転写小型プリンターを利用して印刷することを提唱した。ロール紙のプリントアウトを切り離せば，名刺大のカードとなることから，カードを利用した発散・収束的発想法に利用可能だからである。こういった熱転写プリンターは小型軽量である上に，インクカートリッジがなく，用紙もレジ用のロール紙が流用でき，安価で印刷時間も短いという利点がある。グレースケールで失われる情報が多い場合，カラーで出力する必要がある。そこで紹介したのが，いわゆるポラロイド式インスタントカメラの現代版であるチェキ（instax）であった。フィルムカートリッジによりカラープリントができる携帯プリンターである。しかし，ランニングコストが熱転写プリンターより格段に高いこと，印刷と表示に熱転写プリンターより時間が必要であるという難点があった。2019年にチェキ（instax）のプリンターを内蔵した軽量で小型のデジタルカメラ（チェキ LiPrint，82.5 × 122.9 × 36.7，255グラム）が発売された。[5] 同時期に，より

**図表8-2　出力結果**

左から
チェキプリンター、
チェキプリンター内蔵カメラ
Zink™ペーパープリンター内蔵カ
メラ　及びそれぞれの出力結果

安価なZINK™フォトペーパーのカートリッジを利用するプリンターを内蔵するデジタルカメラ（INSPIC ZV-123，121×80×22ミリ，188グラム）が登場した[6]。これらの機種は，デジタルカメラそれ自体がプリンター内蔵カメラであると同時に，Bluetooth接続でスマホからプリンターとしても利用できる（図表8-1と図表8-2参照）。したがって，グループに1台あれば，カメラとして利用しつつ，共同の写真プリンターとして利用できる。ただし，一度の充電で可能なプリント枚数は限られており，実用的にはモバイルバッテリーか電源の準備は必要となる。

　発散的・収束的思考法をグループで実践する際に複数の画像やカードの一覧性は必須である。しかし，ビジネス・サファリ実査直後という状況に限定するとハードコピーを用意することは現実的でない。

　小グループであれば，スマホの画面を見せ合うという原始的な方法があるが効率が悪い。PCあるいはタブレットを持参し，一覧性を確保する方法もあるが，画面のサイズに限界がある[7]。そこで登場するのが小型軽量なモバイル液晶プロジェクターである。液晶プロジェクターは，サイズも大きく映像が暗いものが多かったが，近年性能が向上し，部屋の明るさを落とさずに投影可能な小型か

図表8-3　プロジェクター Nebula

図表8-4　プロジェクター Q-PRO

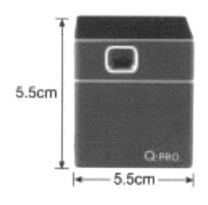

つバッテリー駆動の機器が出てきた。機種によっては，アンドロイドOSを内蔵するものが登場し，タブレットと同じ機能を持つことから利便性が向上している。様々なものが販売されているが，例えばNebulaは，350ミリリットルのビール缶サイズで携帯に便利である（図表8-3参照）[8]。バッテリーで2時間程度動作し，ミニUSB端子で充電できるためモバイルバッテリーが利用可能である。より小型の機種もあり，Q-PROにいたっては，5.5センチメートルの立方体の手の平サイズである（図表8-4参照）[9]。それぞれ室内であれば，照明を落とさずに壁などに映写することが可能である。学生達の撮影結果を直接プロジェクターで映し出す場合，映像機器とスマホの接続を考える必要がある。NebulaはプロジェクターにHDMI端子が付いているため，HDMI変換ケーブルとHDMIケーブルで直結するという最も単純な方法がある。この方式は，安価であり接続も安定している。ただし，もとよりこの方法で接続できるのは1台であり，学生達は交代で接続するか，撮影結果をいったん1台のマシンにまとめる必要がある。

　多機種を同時接続するにはハードウエアにより解決する方法がある。図表8-5のEZCastPROは，HDMI端子を持つ映写機器であれば，ハードウエア的に異なるOS（Windows, Macintosh, iOS, Android, ChromeOS）の画面ミラーリングを可能にするドングルタイプのハードウエアである（図表8-5参照）[10]。これ自体にWi-Fi機能を持っているので，外部の無線Wi-Fi環境を必要としない。もち

**図表8-5　EZCastPRO**

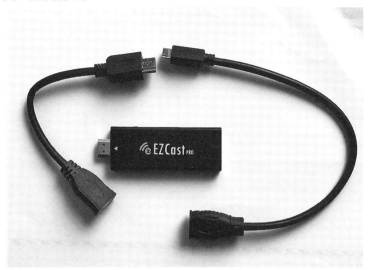

　ろん，無線Wi-Fiが存在する環境にも対応しており，専用アプリケーションを
インストールすれば，スライドショー，画面書き込み，画面4分割による4台の
同時接続が可能となる。欠点として，動作が遅かったり，接続が不安定だった
りするケースもあるが，複数のOS機器を接続し，画面を4分割して4台の撮影
結果を同時に映し出すことができるメリットは大きい。

　こういった方法で複数のビジネス・サファリ参加者の撮影結果をグループ全
体で共有することができる。しかし，協働するためには，さらなる工夫が必要
となる。そこで有用となるのがクラウドサービスやオンライン・ホワイトボー
ドなどの協働用アプリケーションの利用である。

　最も単純に行う場合は，クラウド写真共有サービスを利用して，グループの
写真を1か所に集中してアップロードする方法がある。アカウントの保持など
を前提としないサービスやホスト役がアカウントを持っていれば，URLあるい
はURLと合言葉で写真をアップロードしクラウド上でアルバム化することがで
きる。したがって，ビジネス・サファリ中のすきま時間を利用してアップロー
ドしておくということができる。例えば，30days Albumは，「合言葉とURL」
を配布すれば，2020年現在，1アルバム150枚，3アルバム／月が無料で利用で

**図表8-6　miro画面**

き<sup>11)</sup>る。

　こういったサービスと併用あるいは独立に利用でき，発想法と親和的なサービスが，いわゆるオンライン・ホワイトボードである。ここでは，定評のあるmiroを紹介する<sup>12)</sup>。例えば，miroを利用すると，本小論の図表をすべて1枚のバーチャルなオンライン・ホワイトボードに置くことができる（図表8-6参照）。ファイル（静止画や書類など）はコピー＆ペーストあるいはアップロードが可能である。デジタルな付箋・カードに文字入力したものを置いたり，線や作画を書き込んだり，様々な思考法のテンプレートを挿入したりすることができる。関連するものをひとまとめにしてフレームとすることができ，フレームごとにプレゼンテーションを行うこともできる。Wi-Fi環境が必要になるが，オンラインで参加者を招待すれば，お互いに書き込みが可能となり，チャット機能なども含まれている。あたかもホワイトボードの前に数名が集まり，お互いに書き込みしながら，議論しているかのような状況をバーチャルに可能にする。

# 3 動画の利用

　動画によるコミュニケーションは増加する一方である。YouTubeをはじめ，動画サイト利用は発表も視聴も低コストで可能となっている。ビジネス・サファリでは，スマートフォンで写真を撮影することによる静止画の映像情報をベースにフィールドワークを考えてきたが，今後は動画による記録，そして発表を視野に入れる必要がある。

　最も単純な方法はスマホで動画を撮影することであり，静止画を撮影する手間とほぼ同じ操作で可能である。ジンバル（スムーズな映像を撮るための回転台付きグリップ）や，スマホを首からかけて身体に固定することにより動画を撮りやすくするネックマウント，ヘアバンド・帽子・ヘルメットに取り付けるヘッドマウントなどはすでに流通していることから，これまでの議論を修正することなく動画を撮影することが可能である。

　しかし，撮影した動画は冗長なことが多く，動画利用の問題は不必要な録画部分をいかにカットし，必要な部分のみを取り出すかが課題である。スマホでもすでにシームレスに編集機能を利用できるようになっているが，それでも手間がかかることは否定できない。そこで参考になるのがTikTokなどの動画投稿サイトである。[13]1動画の時間枠を短く強制的にまとめるというものである。周知のようにテレビコマーシャルの基本単位は15秒であり，この枠内での情報伝達に慣れていることから，15秒を1単位とする動画の編集は違和感なく利用できる。

　動画撮影機器にはアクションカメラというジャンルがあり，軽量かつ携行が便利な機種が揃っている。本稿で着目するのはinsta360 GOである（図表8-7参照）。[14]カメラ本体は20グラムのフィンガーサイズの小型で，色々な方法で身に付けることができ，設定により1回15秒〜5分の動画を，タップするだけでスナップのように撮影することができるので，15秒を1単位として動画撮影を実行可能であり，スナップ写真が瞬間を切り取るように，スナップ動画がクオーターミニッツを切り取ることができる。

　それだけではなく，長時間を短時間に自動的に変換する機能，ハイパーラプス機能があり，30分まで録画して5分のビデオを自動編集する機能がある。アプリケーションまかせとはいえ，動画編集にかかる時間を大幅に短縮できるだ

図表8-7　insta360GO

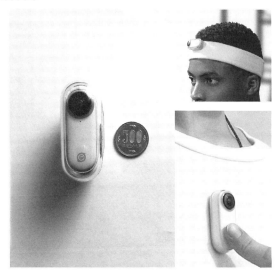

けでなく，試写の時間節約という大きな課題も部分的に解決できる。また，静的タイムラプスでは最大8時間の録画で8秒のビデオを作成することができる。インターバル撮影では，最大7日間の収録を調整可能な間隔で行うことができ，こういった機能は定点観測にも利用可能である。

　いま1つの可能性は360度カメラである。通常の撮影では被写体のみの情報をとるが，360度カメラは空間そのものが被写体となる。空間の隅々まで情報を記録できるため，人・物・設備の位置関係がわかりやすい。建物や部屋全体の形・構造が把握しやすいメリットがある。このため，対象となる被写体がある場合でも，その被写体が存在する空間自体の情報が残るため，事後的な発見・気づきを入手することができる。

　ただし，2つのデメリットがある。第1にプレゼンテーションに360度視点を動かすことのできるアプリケーションが必要なこと，第2にドキュメンテーションが困難なことである。撮影したファイルは，FacebookやYouTubeなどの，360度カメラ再生に対応しているSNSサービスにアップロードすることができるので，それらを参照してもらうことは可能である。

　ドキュメンテーション用に360度カメラの静止画を展開することもできるが

**図表8-8　東急電鉄東横線田園調布駅前広場（2022年1月22日）**

出所：筆者撮影

**図表8-9　東急電鉄東横線自由ヶ丘駅前広場（2022年1月6日）**

出所：筆者撮影

実用的ではなかろう。参考として，図表8-8は昼間の東横線田園調布駅前広場の静止画，図表8-9は夜の東横線自由ヶ丘駅前広場の動画から切り出した静止画である。利用した機器はRICOH THETA SC2であり，iPhone13miniの3分の2のサイズで360度の静止画と動画を撮影できる。図表8-10は，THETA本体とiPhone13miniで，iPhoneの画面にはTHETAのアプリで自由ヶ丘駅前の画像

図表8-10　RICOH THETA SC2とiPhone13mini

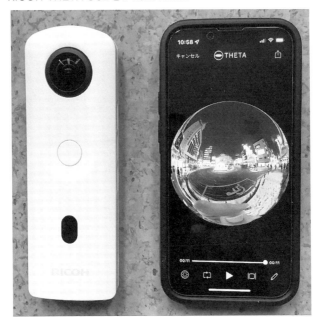

出所：筆者撮影

（図表8-9）と同じものを天球型に表示してある。

　動画による研究発表の場合，PCなどを利用したプレゼンテーションならば問題は少ない。したがって，学生のアクティブ・ラーニング報告などは容易である。ただし，ドキュメンテーションには問題がある。いわゆる論文はグーテンベルグ段階であり，動画は印刷できないという単純な事実により，学術的発表の標準である論文において動画を効果的に利用する方法がない。もちろん，YouTubeなどのクラウドサービスにアップロードしたものを参照してもらうことは可能であるが，研究成果をスムーズに伝達することができない。今後，AR（拡張現実）の応用などにより，論文を読む際にICT機器とシームレスに同調して動画を見ることができるようになれば，学術的な動画利用が一気に広がるであろうが，それまでは色々な工夫と挑戦が必要である。

# 4 まとめ

　本小論では，ビジネス・サファリというアクティブ・ラーニングのためのフィールドアクティビティーにおけるデジタルフォーメーション（DX）を紹介した。決して網羅的なものではないが，利便性の高いものを紹介した。今後とも，DXに乗り遅れない努力を忘れず，継続的にビジネス・サファリを実践し，よりビジネス・サファリというアクティブ・ラーニングが充実することにより，学生達の知識創造に資することが重要である。

[注記]
1）ビジネス・サファリに関しては，大林・神原（2018）を参照。
2）本稿で紹介するICT機材の多くは，ゼミナール学生達に実際に使ってもらい，その反応をベースに活用方法を確認するはずであった。しかし，コロナ禍の影響によりゼミナール活動は禁止となり，実査ができていない。このため筆者の個人的利用をベースにした議論となっている。
3）エビングハウス法則は，学習が終わった直後に忘却が急速に起こり，時間の経過とともに忘却する割合が減少するという法則である。したがって，復習は終了直後に行うと良い。カナダのウォータールー大学のホームページには，復習をしないと24時間で50〜80％を忘れるから，講義日に30分，週末に1.5〜2時間の復習が効果的とある。https://uwaterloo.ca/campus-wellness/curve-forgetting（2022年1月30日アクセス）
4）現実的には紙媒体ベースの論文というグーテンベルク的学術発表形態が依然として標準であることは最後に触れる。
5）https://instax.jp/item/camera/instax-mini/22187/（2022年1月30日アクセス）
　従来，チェキにはプリンター内蔵するカメラ（119×47×127ミリ，450グラム）が存在するが大型で重量もあり，携帯に便利とはいえなかった。
6）https://cweb.canon.jp/miniphotoprinter/lineup/inspic/zv123/（2022年1月30日アクセス）
7）大型固定ディスプレーやテレビなどが利用可能な場合には様々な可能性があるが，本稿ではビジネス・サファリ中あるいは直後を想定している。
8）https://www.ankerjapan.com/category/PROJECTOR/D4111.html（2022年1月30日アクセス）
9）製品の販売が途切れたが，類似機器を見つけることは容易である。
10）より高機能なEZCast Ultraが発売されている。http://www.alinkcorp.co.jp/ezcast/lp/ultra/（2022年1月30日アクセス）
11）https://30d.jp/（2022年1月30日アクセス）
　なお，参加者がアカウントを持つことを前提にすれば，Googleフォトは無制限枚数を共有，

LINE はトーク参加者に1回の送信で最大100枚の制限があるが，1アルバム1,000枚，1ト
ーク1,000アルバムまで利用できる。

12) https://miro.com/,（2022年1月30日アクセス）。その他にも無料サービスがあり，ネッ
ト検索で入手可能である。

13) https://www.tiktok.com/（2022年1月30日アクセス）視聴開始時に不適切な動画が再
生される場合もあるので注意が必要である。

14) https://www.insta360.com/product/insta360-go?insrc=INRUQCR%2F&locale=ja-jp（2022
年1月30日アクセス）

［参考文献］
大林守（2019）「スマートフォンを活用したビジネス・サファリ―都市型フィールドワーク
　　入門のための一技法―」『専修商学論集』専修大学学会，第108号，pp.85-92。
大林守・神原理（2018）「発見のためのビジネス・サファリ：ビジネス教育用アクティブ・ラー
　　ニング手法」『専修商学論集』専修大学学会，第106号，pp.41-62。

第**9**章・

# スマホ・サファリの有効性
―ICTを活用したフィールド調査の試み―

## 1 はじめに

　本稿の目的は，第7・8章で大林が提示した「スマホアプリを活用したビジネス・サファリ」の手法，すなわち「スマホ・サファリ」の有効性を検証していくことにある。あわせて，ビジネス・サファリにおける事前調査の方法と，アプリで収集したデータの整理と仮説抽出までの作業方法についても提示していく。

　フィールドワークの技法に関しては，様々な先行研究が見られるが，近年のICT（情報通信技術）の進展を反映した技法を論じたものは少ない。スマホは，通信機能だけでなく，文字や画像・映像，音声といった情報の検索・収集・記録機能も有しており，さらには，GPSによる位置情報の捕捉や，生活行動のタイムライン記録も可能な携帯型のデジタル複合機器である。我々はそれを日常的に使いこなしているが，とりわけ10代から20代の若者たちはスマホに慣れ親しんでおり，習熟度が高いことから，学生向けにスマホを活用したビジネス・サファリの技法を開発していくことは，アクティブ・ラーニングプログラムの発展にとっても重要なことといえる。そこで本稿では，第7・8章での議論をベースに「スマホ・サファリ」の技法について紹介し，その有効性（成果と課題）について論じていく。

　なお，作業手順を説明する上で，7・8章での記述と若干の重複が生じるが，その点はご海容頂きたい。また，調査内容を詳細に伝えるためにも，この章では，地名や店舗名は実名で表記している。

# 2 スマホ・サファリの手順

　以下では，スマホ・サファリを行う上での必要条件や準備事項について説明していく。


## 2-1　事前の準備

　調査を行う上では，以下の装備が最低要件となる（2018年9月時点）。

①スマホ
- 筆者はApple社のiPhone7 plusを用いたが，他社の機器やOSでも構わない
- 屋外でもインターネット（wifi）接続が可能であること

②スマホアプリ

　以下のアプリを事前にダウンロードして動作確認をしておくこと。
- 地図アプリ：マップ，Google Maps，Yahoo! MAPなど
- ライフログアプリ：SilentLog（無料，内部課金制）
- スキャナアプリ：CamScanner（無料，内部課金制）やOffice Lens（無料）など

③パソコン
- 収集したデータの整理や資料作成に必要なソフトウエアを搭載していること（Wordなどの文書作成ソフト，PDFの作成・編集ソフト，画像編集ソフト，プレゼンテーションソフトなど）

④メモとペン
- 手の平サイズ（A 7，105×74mm）のメモとペン


　この他に，手ぶれ補正や写真の解像度調整，シャッター音の調整などができるカメラアプリ，長時間の調査や不意のバッテリー切れのためのモバイルバッテリー，スマホを手にしながら歩くため，落下防止のストラップなども，必要に応じて用意しておくとよいだろう。

　地図アプリは，事前に調査地の場所や周辺環境を把握する際に用いるとともに，調査地までの交通アクセスの確認や，当日の移動に際してもナビ（経路検索）機能が必要となる。これは，スマホにプリインストールされているものを

使用すれば問題はないが，必要に応じて他社のものを利用する方法もある。ライフログアプリは，調査日時や調査地の位置情報，天候，移動時間と距離などを記録するために必要である。スキャナアプリは，スマホで撮影したドキュメント画像をスキャンして文字認識をするソフトである。看板やポスター，チラシやメニューなど，文字の入った画像をより鮮明な画像やPDFに変換したり，加工・編集したりすることができる。これらのアプリの機能については，第7章で詳細に示されているので参照されたい。

## 2-2　実査：フィールドノーツの作成

　ビジネス・サファリの第1段階は，現場に入って物事を「よく観察して記録すること」，すなわち「フィールドノーツを作成すること」である。観察は，事前に設定した調査テーマや課題，自身の興味や関心にもとづいてアンテナを張り，現場で起きる様々な事象を敏感にキャッチすることである。スマホの場合，写真や動画の撮影，マイクによる音声記録などが1台で手軽にできるとともに，自らの行動も自動で記録できるため，スマホ・サファリではこうした機能をフル活用すべきである。それによって，自筆での記録に要していた時間や労力をフィールド観察，すなわち「現場をよく見る」ことに注ぐことができる。フィールドノーツの作成に要する時間と労力を合理化・効率化できるところに，スマホ・サファリの大きなメリットがある。

## 2-3　データの整理と分析：エスノグラフィーの作成

　スマホ・サファリの第2段階は，調査の記録（データ）から「事象間の関連性を見つけ出すこと」，つまり「フィールドノーツをもとにエスノグラフィーを書くこと」である。エスノグラフィーとは，フィールドノーツから何らかのカテゴリー（頻発する出来事，何らかの法則性，類似性，相違点など）を見つけ出し，事象相互の関係性を明らかにするような仮説や理論的解釈を生成・提示したものである。

　問題発見（仮説生成）型のビジネス・サファリでは，観察した事象間の関連性をうまく整理できるようなカテゴリーを見つけ出し，仮説を生成していくこ

とが，優れたエスノグラフィーの要件となる。この場合，データ収集と分析はほぼ同時進行で行われる。調査目的やリサーチクエスチョンに合わせて調査対象を決め，現場でデータを収集しながら，事象間の関連性を説明できそうなカテゴリーを見つけ出していく。カテゴリーは，先行研究から援用することもあれば，データから発見することもあるし，現場でひらめくこともある。これが問題発見型の特徴である。

　一方，仮説検証型のビジネス・サファリでは，現場に入る前にカテゴライゼーションを行い，仮説を立てていく。その後，現場で収集したデータを分析し仮説を検証していく。ここでのカテゴリーは，一般的に先行研究から援用することが多い。エスノグラフィーの詳細については，第5章を参照されたい。


# 3 スマホ・サファリ

　以下では，筆者が行ったビジネス・サファリの例を紹介していく。[1] 調査対象は京都市の今出川通にあるパン屋である。京都はパンの消費量が多い都市の1つであり，今出川通は，京都市の中でも様々なパン屋が集積する通りの1つでもある。そこで，「パン屋の集積地における同質化と差別化」をテーマとして設定した。商業集積における各店舗の「差別化／同質化」は，実務的・学術的にも一般的なテーマであるとともに，不慣れな土地でのビジネス・サファリから仮説を生成していく上では有効なカテゴリーの1つでもある。


## 3-1　事前の調査―市場データの収集―

　はじめに，京都市民のパン消費に関する基礎データを収集した。総務省統計局「家計調査（二人以上の世帯）品目別都道府県庁所在地及び政令指定都市ランキング平成27年（2015年）～平成29年（2017年）平均[2]」によると，京都市は，神戸市に次いでパンの平均支出額が多い都市となっている。ただし，食パンに関しては全国で16位（10,109円）となり，全国平均をやや上回る程度になる。したがって，京都市では，食パン以外のパン（惣菜パンや菓子パンなど）が中心的に消費されていると推測できる。

**図表9-1　パンの平均支出額**

| パンの平均支出額（円） | | 食パンの平均支出額（円） | | 他のパンの平均支出額（円） | |
|---|---|---|---|---|---|
| 全国 | 30,253 | 全国 | 9,019 | 全国 | 21,233 |
| ①京都市 | 38,915 | ①神戸市 | 13,478 | ①京都市 | 28,806 |
| ②神戸市 | 38,179 | ②堺市 | 11,571 | ②岡山市 | 27,327 |
| ③岡山市 | 36,900 | ③奈良市 | 11,568 | ③大阪市 | 25,508 |
| ④堺市 | 36,855 | ④松江市 | 11,421 | ④堺市 | 25,285 |
| ⑤大阪市 | 36,335 | ⑤和歌山市 | 10,859 | ⑤大津市 | 25,267 |

出所：総務省統計局「家計調査（二人以上の世帯）品目別都道府県庁所在地及び政令指定都市ランキング平成27年（2015年）～平成29年（2017年）平均」

**図表9-2　パンの平均消費量**

| パンの平均消費量（g） | | 食パンの平均消費量（g） | | 他のパンの平均消費量（g） | |
|---|---|---|---|---|---|
| 全国 | 45,205 | 全国 | 19,482 | 全国 | 21,988 |
| ①京都市 | 58,377 | ①堺市 | 25,354 | ①京都市 | 28,513 |
| ②堺市 | 55,958 | ②神戸市 | 25,148 | ②岡山市 | 28,179 |
| ③大津市 | 55,591 | ③奈良市 | 24,858 | ③大阪市 | 27,389 |
| ④大阪市 | 54,816 | ④名古屋市 | 24,453 | ④堺市 | 26,915 |
| ⑤岡山市 | 54,584 | ⑤和歌山市 | 24,190 | ⑤大津市 | 25,227 |

　一方，NTTの「タウンページデータベース[3)]」によると，「パン店」の登録件数は年々減少しており，2016年で11,326件となっている。人口約10万人あたりの登録件数は，①徳島県（15.08件），②愛媛県（14.36件），③富山県（14.34件）の順に多く，京都府全体としては6～10位の間に位置している。

　また，グルメ情報サイトなどから，京都市内の人気店や話題の商品などを調べ，人気店の特徴や売れ筋などを把握していった。結果，上記の消費データを裏付けるかのように，サンドイッチ，フルーツやナッツを練り込んだハード系のパン，ライ麦パンなどの写真が投稿されていた。人気店の上位100店舗の分布を見ると，京都の中心市街地である南部の四条通から北部の丸太町通りの間に集中していることがわかった（図表9-3）。あわせて，今回の調査地である今出川通のパン屋についても立地状況を調べてみたところ，パン屋の集積する通

### 図表9-3　京都市の中心市街地における人気パン店の分布

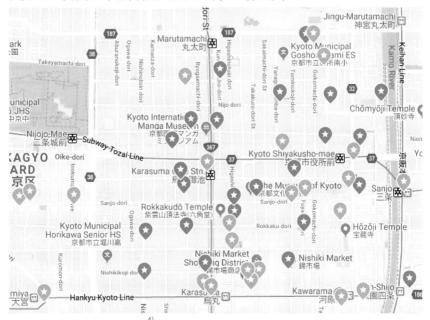

出所：「食べログ」京都市のパン店より作成[4]

### 図表9-4　今出川通のパン屋の分布

出所：Google Map より作成[5]

りであることが再確認できた（図表9-4）。これによると，今出川通に面したパ
ン屋は6件，周辺を入れると12軒あり，有名なチェーン店だけでなく，様々な
個店も立地していることがわかる。そして，地図上に表記された店舗をクリッ
クし，各店舗のHPを閲覧したり，顧客がお店を紹介しているブログなどを読

んだりしながら，調査対象へのおおよその予測をつけていった。

## 3-2　実査

### (1) フィールドノーツの作成

　フィールドノーツは時系列に沿って記述し，「調べたこと」と「気づいたこと」に分けて同時に記録していった。これをwordで清書したものが図表9-5である。

**図表9-5　時系列で記録したフィールドノーツ**

| 京都市今出川通のパン屋調査 | |
|---|---|
| 調査日時2010年9月0日（月），晴れ（32℃），12:30-15:00（追加調査は17時まで） | |
| 調べたこと | 気づいたこと |
| 調査する（12:33-）<br>①大正パン<br>- 大正時代に創業，京都では有名な老舗のパン屋<br>- 本来の休業日ではないようだが店は休み | ・事前調査では今回のメインとして期待大だっただけに，落胆も大<br>・古びたシャッターに風情を感じる  |
| ②ル・プチメック<br>- ヨーロッパ（フランス）のカフェやパン屋を彷彿とさせる赤い外観<br>- illyのステッカーが店頭に貼ってある<br>- こちらも休み  | ・コーヒー豆にも拘りがあるようだ<br>・入口のドアはそろそろ直した方がいいだろう<br>・閉店していると潰れた店のように見える<br>・ネットで調べたら金土日しか営業していない<br>・週3しか働かないのはいいことだ |
| | |

**図表9-5の続き**

| | |
|---|---|
| ③パンドブルー（12:42-50）<br>- 15㎡（8畳）程度の狭い売り場に40種類ほどのパン（惣菜パンが90％）<br>- 価格帯は，惣菜パンとサンドイッチ100円，食パン1斤150円，バケット200円の3タイプ<br>- 気がつかないと素通りしてしまうぐらいの間口の狭さと目立たない外装（看板）<br>- 但し，外観は白と黒の洗練されたデザイン<br>- 常に4-5組のお客さんが店内にいるので，すれ違うだけでも苦労する狭さ<br>- レジ待ちに3-4人並ぶと店内スペースの半分は一杯になる<br>- 外で待っている間（5分程度）も入れ替わりで3組ほどが入店 | 商店街や地域社会への影響<br>・商品の90％以上が100円なので「100均パン屋」と名付ける<br>・そこから原価を想定する<br>・魅力的な価格帯ではあるが，この狭い店舗で，どうやって利益を上げているのかが気になる<br> |
| 徒歩で移動⇒鶴屋吉信で和菓子購入⇒バスで移動 | |
| 調査する（12:35-）<br>④アルチザナル（13:10-22）<br>- 木目を活かした対面式のカウンター（平台）に10種類程のパンを各種3-5個ほど並べている<br>- 殆どが惣菜パンで200-300円，ハード系は2-3種類<br>- デニッシュやクロワッサンをベースに餡やフルーツを使った甘いパンが半分ほど<br>- サンドイッチは400-600円<br>- 残っていたのは450円の1個だけ⇒買うのをやめる<br>- 高級感のある内装，薄暗い店内<br>- イートイン併設（木のテーブルと椅子，2人がけ×2）だが，人はいなかった | ・奥行きのある広い店内に比べると，商品の少なさを感じる<br>・店内の半分はイートインなので，人がいないと空きスペースが気になる<br>・平台に少数のパンを並べてアートのように見せている<br><br>・高級路線を狙っているようだ<br> |
| | |

**図表9-5の続き**

| ⑤エズブルー（13:20-30）<br>- 白い外観<br>- 20㎡ほどの店内に，惣菜パン，ハード系，サンドイッチ，ベーグル，ラスクまで100種類近くはあると思われる品揃え<br>- 150-250円が中心的な価格帯<br> | ・豊富な品揃えと平均的な価格帯が魅力<br>・自分の好みのパン屋が見つかる<br>・迷わず3個購入<br> |
|---|---|
| 枡形商店街の散策（13:30-45）<br>- 150mほどの小さな商店街に，惣菜から衣類まで，個性あふれる店舗の数々<br>  | ・個性的な看板やPOPが目立つ<br>・この近所に住んでいれば，日常生活には不自由しないだろう<br>  |
| 鴨川べりでランチ（14:00-30）<br>購入したパンをみんなで食べる<br><br>解散後，阪急河原町へ移動 |  |
|  |  |

**図表9-5の続き**

| | |
|---|---|
| ⑥高島屋「ワールドフーズ・ベーカリー」（15:30）<br>- 「ひょっとしたら…」と思って高島屋の地下に行く<br>- 進々堂やドンクなど8店舗と，期間限定のお取り寄せブースを発見<br>- お取り寄せコーナーは人気のようで，「お取り寄せ品」のシールを貼ったパンが20個ほど棚に並んでいた<br>- これ以上パンは買えないので資料を収集する<br><br>　　　阪急電車で梅田駅（大阪）へ移動 |  |

| | |
|---|---|
| ⑦阪急梅田駅構内「うめえぱん」（16:30）<br>- 梅田駅で電車に乗り換える途中，駅の構内でパン屋を見つける<br>- 期間限定で関西の人気パン屋が出店<br>- だし巻玉子サンド，ロバのパン，無添加食パンなど12店舗の商品が並ぶ | ・何事も好奇心（問題意識）さえあれば，チャンスに巡り合えるものだと改めて知る<br>・営業時間が22時まで⇒仕事帰りの人たちのニーズ（翌朝のご飯）を想定しているのだろう<br>・とりあえず写真だけ撮って帰り，イベントの主旨などはHPで確認することにする |

## (2) 行動記録

　調査時の行動は，先に挙げたSilentLogで自動的に記録される（図表9-6，図表9-7）。SilentLogに記録されたデータはテキスト形式で出力できるので，ビジネス・サファリの後で自身の行動を確認したり，フィールドノーツの書き間違いを修正したりする際には有効である。ただし，現時点では時間の記録は正確だが，滞在先の記録（店名や場所）が間違っていることもあるので注意されたい（図表9-8）。全体の行程もマップで表示される（図表9-9）。

　今回の調査では，看板やポスターを記録する機会はなかったが，パン屋のチラシは，スキャナアプリCamScannerで撮影した（図表9-10）。

**図表9-6　SilentLogによる行動記録①**

**図表9-7　SilentLogによる行動記録②**

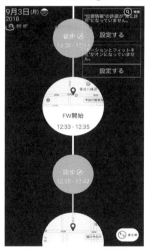

図表9-8　SilentLogによるテキスト形式の行動記録（括弧内は筆者が加筆修正した記録）

```
2018年 9月 3日（月）曇り 89 ℉
12649歩 36.3km 2:42時間

12:33 - 12:35
滞在　（大正パン）
79歩 2分

12:35 - 12:42
徒歩　（ル・プチメック）
491歩 0.5km 7分

12:42 - 12:50
滞在　（パンドブルー）
19歩 8分

12:50 - 12:52
徒歩
111歩 0.1km 2分

12:52 - 13:01
滞在（和菓子店「鶴屋吉信」に立ち寄る）
191歩 9分

13:01 - 13:10
乗り物 バスで移動
20歩 1.6km 9分

13:10 - 13:22
滞在 阪急百貨店（⇒アルチザナル）
187歩 12分
```

図表9-9　全体の行程記録

2018年 9月 3日（月）　　89 ℉

12649歩 36.3km 2:42時間

図表9-10　CamScannerで撮影したパンフレット

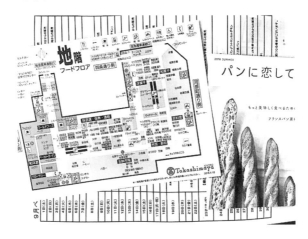

## 3-3　データの整理と分析

　図表9-8に示したフィールドノーツから，今回のテーマである「パン屋の集積地における同質化と差別化」に関して気づいた特徴（findings）を整理していった。今回は，目当てにしていたパン屋が休業していたため，サンプル数としては不十分であるが，ある程度の傾向や特徴は把握することができた。

　まず，各店舗に共通している部分（同質化）としては，以下の4点が挙げられる。

①立地上，店内や入口は狭く15～20㎡であること

　京都の中心市街地であり，かつ古い街並みの中に立地していることから，自ずと間口も店内も狭くなっている。そうした店内に所狭しと多様なパンを大量に並べる店と，少品目を少量販売する店とがあった。

②店舗の通りに面した部分はガラス張りになっており，外から見えるようになっている

　これは，通行人の目を引くとともに，狭い店内を広く見せる工夫といえる。

③木材を使った内装（棚，テーブルや椅子）で，ナチュラルな印象をもたせようとしている

　パンという食べ物を扱っていることから，暖かみを感じるような建材や暖色系の色合いを内外装に使っている。

④惣菜パンの品揃えが中心で，食パンやハード系は少ない

　事前の市場調査では，京都市では食パン以外のパンの消費量が多いことから，それを反映して惣菜パンや菓子パンを中心とした品揃えを予測していた。結果，調査した店舗では惣菜パンが多かった一方，ハード系のパンは少なかった。これは，調査対象の店舗に限った特徴である可能性もあるので，一般的な傾向かどうかはわからない。もう1つの可能性としては，食パンやシンプルなパンに比べれば，惣菜パンの方が様々な食材を加えることで多様化させたり付加価値をつけたりしやすいことから，こうした傾向が出ているのかもしれない。

　他方，差別化している点としては，以下の3点が挙げられる。

①価格帯と品揃え

　偶然にも，3店舗の平均価格帯と品揃えがそれぞれ異なっていた。パンドブルーはほとんどの商品が100円均一（税込108円）で「薄利多売型」となって

いた。[6] エズブルーは，平均的な価格帯（150〜300円）で豊富な品揃えを擁する「多品目大量生産型」であるのに対して，アルチザナルは，やや高めの価格帯（200〜350円）で「少品目少量生産型」となっていた。

②品目の構成

3店舗とも，惣菜パン，サンドイッチ，バケット，食パンなど，各品目の構成比が少しずつ異なっていた。パンドブルーは，惣菜パンや菓子パンが中心なのに対して，エズブルーは，惣菜パンやサンドイッチ，果物などを使ったスイーツ系のパンを中心としながらも，デニッシュ，ベーグル，雑穀パン，マフィンなど多品目にわたる品揃えを有していた。他方，アルチザナルは，スイーツ系を中心にバケットやサンドイッチなどを揃えていた。

以上の点から，2つのタイプの仮説を抽出してみた。1つは，事前のデータ収集から抽出した京都市民のパンに対する消費性向に関する仮説で，もう1つは，京都市内のパン屋のマーケティング戦略に関する仮説である。

H-A：京都市民のパンに対する消費性向
 − H_A1：京都市民は，食パンよりも惣菜パンや菓子パンを好む傾向にあり
 − H_A2：市内の店舗はそれを反映した品揃えとなっている

H-B:京都市内のパン屋のマーケティング戦略
 − H_B1：各店舗のコンセプト，とりわけ品揃えと価格帯が差別化の基本要因となっており
 − H_B2：それに対応する形でターゲット層（支持層）も少しずつ異なっている

仮説H_A1は，京都市民のパン消費に関するより詳細なデータが必要であり，各店舗への調査や品目別の売上分析，消費者アンケートなどで検証していくことができる。H_A2は，各店舗のマーケティング戦略についてアンケートやインタビュー調査などで検証していくことになる。ただし，京都市民が食パンをあまり好まないから，各店舗はそれに対応した品揃えをしているのか，京都の多くのパン屋が，以前から食パンよりも惣菜パンや菓子パンを中心とした品揃えを展開してきたから，市民が食パンをあまり食べないのか，その因果関係についても検討する余地がある。これについては，京都市民の食生活スタイルとともに，カフェや洋食店などとの関連性，京都のパン屋の黎明期から現在に至るまでの史的変遷などについても調査していく必要がある。また，そもそも京料理が有名な地域でありながら，なぜ市民はパンを好むのか，という根本的な

疑問についても解き明かす必要があるだろう。

　仮説H_B1は，各店舗への調査やインタビューなどで裏付けるとともに，京都市全体のパン屋のコンセプトや戦略に関する2次データなどで検証していくことができる。H_B2は，京都市におけるパンの消費動向やパン屋の選好理由などに関する二次データや，消費者アンケートなどによって検証していくことができる。

　また，ビジネス上の一般的な課題としては，狭い店舗スペースでの効率的な販売（利益率の向上）が3店舗に共通した点といえる。薄利多売型のパン屋にとっては，ローコスト経営が至上課題になるだろうし，多品目大量生産型にとっては，売れ筋／死に筋の見極めが業績を左右することになるだろう。少品目少量生産型であれば，より付加価値の高い商品の開発が課題になるだろう。

# 4 まとめ

　本稿では，スマホアプリやインターネットを活用したビジネス・サファリの技法を提示していくとともに，その有効性を検証していった。調査対象（地域）の情報収集や，調査中の行動記録をとるには，ICT技術の活用は非常に有効である。スマホに慣れ親しんでいる若者世代にとって，本稿で紹介した技法はストレスなく活用することができるだろう。

　ただし，「3.スマホ・サファリ」で示したデータの整理と仮説抽出までの作業は，既存の仮説生成方法を踏襲していくことになるが，AIの進展によって，こうした作業のあり方も変わっていくかもしれない。データの整理はパソコンのソフトウエアである程度可能なので，今後はこうした手法についても試行し検証していく必要がある。

　本稿で示したビジネス・サファリの基本プロセスは以下のとおりとなる。

## (1) 事前の準備
①調査ツールの準備：ビジネス・サファリの調査ツールとしてスマホアプリなどの準備と動作確認をしておく。
②調査対象とテーマの設定：興味のある調査対象を決めてから，それに沿った

テーマを設定してもいいし，あらかじめテーマを設定した上で，それに適した調査対象を決めても構わない。

③2次データの収集：調査対象の情報を事前に収集し，傾向や特徴を把握しておくとともに，調査の進め方を想定しておく。

## (2) 実査

①観察と記録：調査テーマや課題にもとづいて，現場の様々な事象をキャッチし記録にとる（メモ，写真や動画の撮影，音声の記録など）。

②行動記録：自らの行動をスマホアプリで自動記録しておく。

③資料収集：チラシやパンフレットなど，調査対象に関する資料を収集する。

## (3) データの整理と分析

①データの整理と分析：調査記録（データ）を一定の傾向や特徴などにもとづいて整理しながら，何らかの法則性や類似点，相違点などを見つけ出していく。

②仮説抽出：事象間の関連性を明らかにするような仮説や理論的解釈を生成する。

　今後の研究計画として考えられるのは，本稿で示した調査手法の有効性を他の都市部でも確認していくとともに，仮説の検証方法とその成果についても，京都のパン屋などをケースとして取り組んでいくことになる。

## 追記

　今回の調査を踏まえて，2019年12月12日に「サイレントログを用いたフィールドワーク」をゼミで行った。興味深いことに，行動記録と調査記録のすべてをデジタル上で済ませる「デジタル派」と，調査記録は手書きで行う「デジアナ派」の2タイプが現れた。店舗の見取り図などを記録する描画アプリを入手していないことから，こうした結果になったのだろう。現在，ICTを活用したフィールド調査を行おうとすると，幾つものアプリを駆使しなければならない。しかし，遠くない将来には，1つのアプリですべてを記録できるようになるだろう。そうした点で，偶然にもゼミ生たちが残した2タイプの記録は，「フィールド調査のデジタル化」における「過渡期」を示す貴重な証拠になると思われる。

[注記]

1）本調査は，専修大学商学研究所研究助成プロジェクトのメンバーである大林守教授のゼミ合宿におけるビジネス・サファリ（パン屋の調査）に，筆者も同行しながら独自のテーマ設定のもとで行った。

2）https://www.stat.go.jp/data/kakei/rank/backnumber.html（2018年9月2日，2019年4月10日アクセス）

3）https://tpdb.jp/townpage/order?nid=TP01&gid=TP01&scrid=TPDB_G241（2018年9月2日，2019年4月10日アクセス）

4）https://tabelog.com/SC0101/kyoto/map/?SrtT=rt&sk=パン&svd=20190408&svt=1900&svps=2（2018年9月2日，2019年4月10日アクセス）

5）https://www.google.co.jp/maps/

6）2019年4月10日時点では，同社HPでは「オール税込120円パンのお店」となっている。http://www.pin-de-bleu.jp

[参考文献]

鵜飼正樹，高石浩一，西川祐子編著（2003）『京都ビジネス・サファリのススメ―あるく・みる・きく・よむ』昭和堂。

裏京都研究会編著（1996）『京都ディープ観光』翔泳社。

大林守（2019）「スマートフォンを活用したビジネス・サファリ―都市型ビジネス・サファリ入門のための一技法―」『専修商学論集』専修大学学会，第108号，pp.85-92。

佐藤郁哉（2002）『ビジネス・サファリの技法―問いを育てる，仮説をきたえる』新曜社。

箕浦康子（1998）「仮説生成の方法としてのフィールドワーク」『教育のエスノグラフィー』志水宏吉編，嵯峨野出版，pp.32-47。

図表9-11 デジタル派の記録

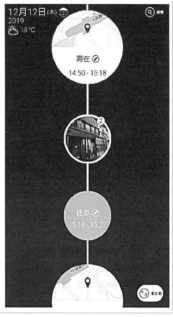

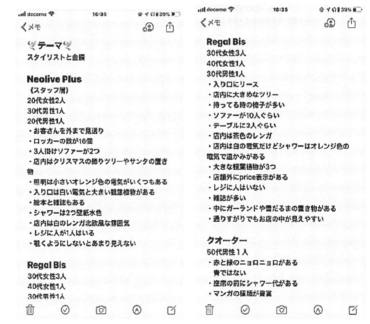

🌿テーマ🌿
スタイリストと金職

**Neolive Plus**
【スタッフ層】
20代女性2人
30代男性1人
20代男性1人
・お客さんを外まで見送り
・ロッカーの数が16個
・3人掛けソファーが2つ
・店内はクリスマスの飾りツリーやサンタの置き物
・照明は小さいオレンジ色の電気がいくつもある
・入り口は白い電気と大きい観葉植物がある
・絵本と雑誌もある
・シャワーは2つ壁紙水色
・店内は白のレンガ北欧風な雰囲気
・レジに人が1人はいる
・覗くようにしないとあまり見えない

**Regal Bis**
30代女性3人
40代女性1人
30代男性1人

**Regal Bis**
30代女性3人
40代女性1人
30代男性1人
・入り口にリース
・店内に大きめなツリー
・持ってる時の椅子が多い
・ソファーが10人ぐらい
・テーブルに3人ぐらい
・店内は茶色のレンガ
・店内は白の電気だけどシャワーはオレンジ色の電気で温かみがある
・大きな観葉植物が3つ
・店頭外にprice表示がある
・レジに人はいない
・雑誌が多い
・中にガーランドや雪だるまの置き物がある
・通りすがりでもお店の中が見えやすい

**クオーター**
50代男性1人
・赤と緑のニョロニョロがある 青ではない
・座席の前にシャワー代がある
・マンガの種類が豊富

166

**図表9-12　デジアナ派の記録**

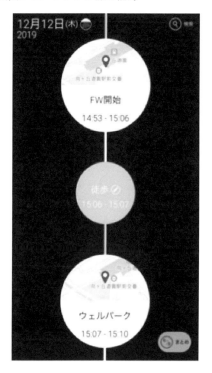

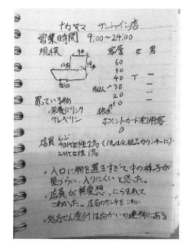

# 第IV部

# ビジネス・サファリと遊び
# (The Fun Theory)

第**10**章●

# ビジネス・サファリ，仕掛学とゼミ活動

# 1 はじめに

## 1-1 プロジェクトの経緯について

　本書では「ビジネス・サファリ」をテーマに様々な観点から考察が行われてきた。本章では，ビジネス・サファリとも関係の深い仕掛学（これについては後程説明する）の観点をゼミ活動と組み合わせた結果，どのような成果が得られたかを報告する。筆者は理論経済学（都市経済学・地域経済学・空間経済学）を専門としており，今回のプロジェクトを契機としてビジネス・サファリあるいは仕掛学について考えることとなり，これらを大学のゼミ活動に取り入れられないか四苦八苦した物語である。

　本書は2018年度より3か年計画で行われた専修大学商学研究所研究プロジェクトの結果をまとめたものであるわけだが，コロナ禍に直面したことと今回取り上げる仕掛学との出会いもあり，実はプロジェクト始動時から発展的に変化していった。最初にそのあたりを説明しておきたい。

　当初は「フィールドワークの教育的効果」が大きなテーマであり，筆者とそのゼミにおいても「フィールドワークにおいて学生はどのようなことを感じて，何を学び取ることができるか」をまとめたいと考えていた。たまたま我々の所属する専修大学商学部が2020年度に東京郊外の生田キャンパス（神奈川県川崎市多摩区）から都心の神田キャンパス（東京都千代田区神田神保町）に移転することになり，「都市型フィールドワーク」という位置づけで，都心において学生とともに歩いて何が発見できるかを見て，どのような教育的効果があるのかを測りたいと考えた。我々が何気なく街歩きをしている中で，見落としている

171

ことは数多くあると思われる。注意して歩かなければ小さなもの大きなもの，様々な興味深い事柄に気づくことなく，目的地へ足早に向かうだけである。最初に取り組もうとしたのは，「街を歩きながらつぶさに観察し，単純に面白いものや学問的に興味深いものを見つけよう」ということであった。

　最初は必ずしも都心ではないが，ゼミ活動の一環として小田急線千歳船橋駅周辺（東京都世田谷区）と長野県軽井沢界隈をいくつかの小グループに分けて街歩きしてその結果を報告してもらう活動を実験的に行った。本章においてはそれらについては報告しないが，ゼミ活動としてフィールドワーク（もどき？）を行うことが初めてであり，「ウォーミングアップ」として経験を蓄積するスタートとなった。教員からあまり指示を出し過ぎることは結果にバイアスを生むことも考えられたため，学生には自由な形で街歩きをしてもらったが，それほどインパクトのある結果とまではいかなかったのが正直なところである。このような研究の方向性・観点は持ち続けていたものの，後述する研究期間中に仕掛学との出会いがあったこと，2019年度の終わり頃より発生した新型コロナウイルス感染拡大，いわゆるコロナ禍に見舞われたことで計画変更・修正を余儀なくされた。

## 1-2　仕掛学との出会いとコロナ禍

　研究を進める中で当初計画とのずれが発生することはよくあることである。本研究においてもプラスの変化として仕掛学（次節以降にて詳述）と出会ったことが挙げられる。2019年度に入り，プロジェクトメンバーの1人から仕掛学を紹介され，日本の第一人者である松村真宏教授に貴重なお話を伺う機会も得た[1]。仕掛学の可能性を知り，メンバーとの議論を経て，仕掛学を研究テーマに取り込んでいこうという方向性ができあがった。

　その最中，2019年度の終わり（2020年1月前後）より，今も続く新型コロナウイルスの感染が日本でも広がっていった。厚生労働省のオープンデータ[2]においては2020年1月26日に最初の1名の新規陽性者が記録されているが，以降，感染がいくつかの波に分かれながらも継続しているのは周知のとおりである。緊急事態宣言，まん延防止等重点措置などの発出を繰り返しながら，日常生活・経済活動そして大学業界・学生生活に大きな影響が及んだこともいうまでもな

い。

　大学においては，それまでの対面授業のほとんどがオンライン授業に変更に
なり，学生の出校の機会と対外的な研究活動の大幅な縮小が余儀なくされた。
我々のプロジェクトはフィールドワークに主眼を置いていたため，長期にわた
ってまったくそれができなくなってしまい，計画は大きく狂ってしまった。そ
れでもわずかな「隙」を見つける形で，数回のフィールドワークの実施にこぎ
つけた。その結果が後の節で報告される。テーマとしては，(1) 街にある「仕
掛け」を発見すること，(2)「仕掛け」を活用して現状を改善できそうな問題や
対象を発見すること，の2点をメインにして，都市部における仕掛学の活用事
例や可能性をまとめていこうというものであった。

　以上のようにプロジェクトの進行としては右往左往した面もあり，反省する
ことしきりではあるが，これも一つの結果であると腹をくくっている。筆者と
しては今後もゼミ活動の一環として，フィールドワークを活用した研究を継続
していきたいと考えている。これまで理論畑でフィールドワークについては無
知であったが，今の時代は数理的な理論モデルよりもデータを用いた実証分析
やこうしたフィールドワークに将来性があるのだろう。

## 1-3　本章の構成

　本章の構成は以下の通りである。2節においては本章が考える「仕掛け」な
らびに「仕掛学」とは何であるか，既存研究を踏まえて整理する。3節におい
て，ゼミにおいて行ったフィールドワークの結果を報告する。

# 2 仕掛けと仕掛学

本節では，この章が考える「仕掛け」というものについて定義し，関係する学問分野について簡単に触れておく。

## 2-1 本章における「仕掛け」の定義

最初に「仕掛け」ならびに「仕掛学」の定義について，筆者なりの理解をもとに明らかにしたい。本章における「仕掛け」とは，一口でいえば，「強制することなく人間の行動を変える低コストの仕組み」である。「強制することなく」というのは，それによって行動を変えられる側も楽しんで参加・協力できるようなものを指し，嫌々させられるものではない。また「低コスト」というのはシンプルなアイデアで匿名の多数に働きかけることができることを意味する。

この典型例として，男性用の小便器の内側に描かれた「的」を挙げることができる。これは極めて低コストであるにもかかわらず，公共の場で多くの匿名多数が利用するトイレに適用されたもので，この的があるために小便が便器を外れることを防ぐ，優れた「仕掛け」である。法律のように事実上，行動を強制するようなものではなく，広告によるプロモーションなどのように大々的にコストをかけるようなものではない。また利用者も楽しめるものとなっている。

このような「仕掛け」を学問として取り扱うのが仕掛学である。この仕掛学という名称を日本国内に広めた研究者として先述の松村教授を挙げることができる。氏はその著書『仕掛学―人を動かすアイデアのつくり方』(2016) の中で，日本語の「仕掛け」の意味を整理し，「本書の仕掛けは行動の選択肢を増やした上でそちらをつい選んでしまうように誘うもの」とした上で，一方で学問という立場を取るために「本来であれば解釈の多義性を防ぐためにも厳密に定義した専門用語を使うべきである。それでも「仕掛け」という言葉にこだわるのは，親しみのある語を利用することで一般の人にも抵抗なく受け入れてもらいたいためである」とも述べており，あえて曖昧な部分を残していることは興味深い。この多少の曖昧性があるために，見方によってはあるものが「仕掛け」かそうでないかの解釈に差が生まれることもあるだろう。そういう意味では，筆者の定義とは厳密な部分でずれがあるかもしれない。読者もそのあたり

には注意し，他の文献などにおける定義と差があっても，そこは多少大目に見て頂ければ幸いである。

## 2-2　ナッジと行動経済学

　仕掛学については，既存の経済学とも関係が深い。筆者のバックグラウンドは経済理論であるため，どうしても経済学との関係性・類似性に目が行く。そもそも経済学自体が人間行動を広く分析対象とし，より良い社会を築くための知識体系であることに注意しよう。「人間行動を望ましい方向に変える」という例は経済学において枚挙にいとまがなく，例えば税金によって課税された財の消費量を抑制すること，補助金によって環境改善への投資を促進することなど，税や補助金による人々の（消費・投資）行動の変容や補正は代表的なものである。

　近年の経済学では，行動経済学という学問領域が急速に進歩し，旧来の経済学が想定してきた「合理性の仮定」に必ずしも頼らない人間行動の研究が盛んになっている。その枠組みの一つとして，「ナッジ（nudge）」と呼ばれる現象が注目されている。ナッジの重要性を最初に世に知らしめたのは，後にノーベル経済学賞を受賞するリチャード・セイラーとキャス・サンスティーン（Thaler and Sunstein, 2009）であった。ナッジとは「突っつく，小突く」といった意味合いで，人間行動にわずかに働きかけることで大きな変化をもたらす仕組みを指す。最近のキャス・サンスティーンの著書『ナッジで，人を動かす―行動経済学の時代に政策はどうあるべきか―』（2020）をもとにナッジについて見ていこう。

　ナッジと並んで「選択アーキテクチャ」という表現が頻出し，人間行動に働きかけるものとして扱われる。選択アーキテクチャはあらかじめデザインされた避けられない仕掛けである。例えば自動車保険を更新する際に既存の契約と同じ内容を「デフォルト」として設定すれば，人々は違う保険内容（場合によっては保険料を抑えた望ましい内容）よりもそのデフォルトを選ぶかもしれない。デフォルトは何か設定しなければならず，これを避けることはできないので，一つの選択アーキテクチャといえる。

　ナッジという表現が重視するのは人々がある仕組み・仕掛けに乗るか乗らな

いかの余地が十分に残されていることである。人々がデフォルトを選びやすいという傾向を利用して，うまくデフォルトを設計するという選択アーキテクチャは，それ自体ナッジでもある。こうした「デフォルト・ルール」は大々的なコストをかけるようなものでもなく，人々に選択の自由は残されていることに注意しよう。

このように行動経済学をベースとしたナッジという概念も仕掛学の扱う「仕掛け」にかなり近いものがあると思われる。当然ながら，仕掛学を提唱している松村教授によればやはり違いはあるというわけであるが（そうでなければただの二番煎じである），率直にいえば相違点よりは類似点が多いのは間違いないと筆者は考えている。そういう意味で，後に取り扱うゼミ活動については，必ずしも仕掛学のいう仕掛けに筆者としては限定していない。とはいえ，低コストでアイデアが命ともいえる仕掛けを追求することは大学として，あるいは大学の研究室・ゼミナールとして扱うテーマにふさわしいのではないだろうか。

## 2-3　EBPM（evidence-based policy making）

近年，公共政策の枠組みではナッジとも関連して「EBPM」という概念が注目されている。これはevidence-based policy makingの略で，証拠にもとづいた政策策定という意味である。長年，法律や政策の策定においては，既得権益や先入観にもとづく形でそれらがデザインされ，目的や社会厚生に事後的に合致するかどうかは二の次となるものも存在してきた。名著『「弱者」保護政策の経済分析』（八田・八代編，1995）では，例えば弱者として位置づけられた農家は実際には必ずしも「弱者」でない可能性を示唆し，中小規模商業者を保護することは必ずしも社会にとって望ましくない結果をもたらしていることなどを示し，法律や制度が正しく「弱者」を捉えていない，本当の弱者を助けていないこと，そしてそれが社会にとっても望ましくないことなどを明らかにした。

いうまでもなく，公共政策が意図した結果をもたらしているとすれば大きな問題であり，こうした問題がこれまでも無視されてきたわけでは決してないだろうが，近年になってEBPMという概念が広まる中で公共政策の在り方が問われている。白岩他（2021）はEBPMとナッジを総合的に取り上げた最新の著作であり，EBPMの歴史とナッジとの関係についてはこちらを参照されたい。大

きなポイントは，人間行動を踏まえた上で，しかも公共部門としてできるだけ無駄なコストをかけないという観点からすれば，ナッジに注目した政策策定は一つの可能性として優先的に検討すべきものであるということだ。ちょっとした工夫で，より効果のある政策が実施されれば誰にとってもハッピーであるのは明白である。

　以上，仕掛学ならびに関連する事項について簡単に説明してきた。引き続いて実際にゼミ活動においてフィールドワークとしてこれらを関連付けた取り組みについて報告する。


# 3　ゼミ活動の報告

　本節では，筆者の所属する専修大学商学部におけるゼミナール活動の一環として行ったフィールドワークについて報告する[3]。報告するのは2件，大学キャンパス近くの神田神保町を対象にしたものと，近年開発の進む日本橋界隈を対象にしたものである。いずれも先入観を持たずに現地を歩くことで何を発見し，何を感じるのかを重要視するために，事前に各エリアについて詳細に調査するような指示は出していない。

　もちろん，フィールドワークとしては入念に対象地域を調べてから行うのは基本であろうが，今回の目的からすればあえて事前調査を行わない戦略を採用した。学生がどのような反応を示すのか，ここでは素のままを紹介するため，些細なものであっても公開する。コロナ禍にあって，純粋に仲間と活動できた喜びも感じられるなど，どこか微笑ましい反応もそのまま列挙している。


## 3-1　神田神保町界隈のフィールドワーク

　2021年6月9日に専修大学神田キャンパス近隣でのフィールドワークを実施した。ゼミナールにおけるフィールドワークで，仕掛学を意識した活動としてはこれが初めてのものであった。ここではこの活動の概要を記し，何が得られたのかを整理してみたい。

　まず，今回の活動の概要を説明しよう。フィールドワークのテーマとしては，

「神田キャンパス近隣における仕掛けの発見」とした。身近なところで仕掛学のいうところの「仕掛け」を発見すること，あるいはその活動の中から新しい仕掛けの可能性を探ることを目的とした。筆者個人としては，仕掛学のいう仕掛けにぴったり合致するような事例はそう簡単には見つからないだろうと予想し，あまり仕掛学にこだわらずに「何かの方法で人間行動の変容を導くような取り組み」を探すように指示し，かなり仕掛けを広く解釈することとした。その中から「真の仕掛け」が見つかるかもしれない。課題も見えてくるのではと考えた。

　参加者はゼミの3・4年生合計10名であった。なお，コロナ禍の最中，大学へ行く機会も限られており，参加学生もあまり神保町エリアについてはあまり詳しくないという前提条件があった。3年生を3人×2グループに，4年生を4人の1グループに分けた。各グループの担当エリアを分け，①靖国通りの北側，②靖国通りの南側かつ白山通りの西側，③靖国通りの南側かつ白山通りの東側，の3つとした。エリアはどれもおおよそ東西・南北とも100メートルくらいのコンパクトな領域である。これらのいわゆる神田神保町エリアは古書店街が有名であり，飲食店やオフィスが軒を連ねる商業地域になっている。各グループとも1時間から1時間半をかけて歩き回り，今回は店の中にまでは基本的に入らず，公道からわかる範囲で仕掛けを探索することにした。

　出発前に以下のような質問をあらかじめ挙げておき，学生には活動終了後に回答してもらった。

---

Q1.　出かける前に，どのような成果が得られると予想していましたか？

Q2.　今日の成果を報告して下さい。

Q3.　出かける前の予想と後の結果ではどういった違いがありましたか？

Q4.　今日のフィールドワークの感想を教えて下さい。また，何か学べたことはありましたか？

---

　質問項目の特徴として，実際の仕掛け発見の成果だけでなく，事前と事後での当該エリアへの「見方の変化」を訪ねており，またフィールドワークによる教育効果を探るようなものになっていた。

回答結果（以下，学生の回答については，文体や表現に一部手を加えている。）

**Q1.　出かける前に，どのような成果が得られると予想していましたか？**

- 個人店に（仕掛けが）多い様な気がした。
- 今のご時世だと，密にならないように集客していないものだと思っていた。
- たくさんあるのではないかと予想した。
- 身近に仕掛（学）が多く存在していると予想していた。
- パッと見て目を引くようなものがいくつかあると思った。
- つい見ていると目に入り立ち止まるようなものがあると思った。
- 駅構内には利用しやすくするための仕掛けがいくつかあると思った。
- 入りやすい店舗にするためにしている工夫が見られると思った。
- 派手な看板やパネルなどで客を惹きつけている。
- 持っていたイメージとは違う何か仕掛けがある。

　これらの回答を見てわかることは，神保町界隈でも「仕掛け」がそれなりに見つかると事前に予想していることである。今回のフィールドワークでは，「仕掛学」の定義する「仕掛け」よりも仕掛けをより広く捉えて，とにかく人間の行動に変化をもたらすようなものを見つけよう，ということで実施した。仕掛け的なものをまずはできるだけ多く発見した後に，本来の「仕掛け」に合うものを絞り込み，そこから発展的に次の仕掛けの発見や提案につなげていくのがねらいであった。

**Q2.　今日の成果を報告して下さい。**

- コンビニにある大きな鏡が広い空間がある様に錯覚している。入り口に段差がある場合はスロープを作り，客が入りやすい様にしている。
- お店の前に模型やサンプルがあったり，入口に段差をなくすことで入りやすさを表していたり，店内を鏡にすることによって広く見せていたり様々な工夫が見られた。
- 顔出し看板，スロープ，店内を広く見せるための鏡，止まれの足跡などを見つけることができた。
- 神保町駅北側を散策して，5つの仕掛（学）を見つけた。1つ目，タピオカ屋さん。店前に大きなタピオカのディスプレイを置いていた。一目で何屋さん

かわかるようにしていると考える。2つ目，コンビニエンスストア。入り口に段差を作るのではなく，スロープを採用していた。体が不自由な人でも入りやすい設計になっていた。3つ目，通行路に「止まれ」のペイントがあった。前方に道路があったので歩行者に注意を与える作りだと考える。4つ目，コンビニエンスストアの店内。店内に大きな鏡を設置していた。店内を大きく見せる作りにしている。5つ目，顔パネル。店前に置くことでお客さんを呼ぶ目的があると考える。

- ミストが出るベンチ，中身が見えるゴミ箱，外に並べられた本。
- 1．古本屋の本の展示法　2．ゴミの見えるゴミ箱　3．ミストの出るベンチ
- ①古本屋で通り沿いに本が置かれていて，通行人が思わず立ち止まってしまう場所があった。②駅のゴミ箱が透明になっていて，中が見えるようになっていたり，分類がわかりやすい絵が描かれていたり，様々な外国語で書かれていてわかりやすいようになっていた。③通り沿いのクールミストは夏限定だが，少しでも涼しくなるための工夫だと思う。
- 世界史の本の広告（場所を変えると見え方が変わる），ミストが出るベンチ，古本屋でもポップな色合いで店の雰囲気を明るくしている店，古本屋で店の外にも本を出している，他の店舗と被らない外装の喫茶店。
- 飲食店や古書店などのお店だけではなく，歩行者通路やビルの壁にも仕掛けがあった。またお店の外観や雰囲気が仕掛けになっているところがあった。
- 訪れたことがないからこそ初めて見るもの感じるものがあった。

　仕掛学における仕掛けにおいては，「ちょっとした工夫で人々が手間や苦痛を感じることなく行動を変える」という性質がある。今回の学生の報告からは，そういう意味では「仕掛け」というよりも通常のマーケティングに関連する商品の陳列法や広告などが挙げられていることがわかる。その中で，仕掛学のいう仕掛けに近いものは図表10-1の「中身の見えるゴミ箱」を挙げることができるかもしれない。

　そもそもゴミ箱の中身が見える必要はあるだろうかと考えたときに，決してきれいなものでもないからその必要があるとは思われない。ゴミ箱自体も構造が複雑になり，コストもかかっているだろう。透明にするメリット[4]としては，①どの箱が何を捨てるためのものか，より確認しやすくすること，②ゴミが

図表 10-1　中身の見えるゴミ箱

どれだけ溜まっているか確認しやすくなること，を挙げることができる。仕掛学的な効果として挙げるとすれば，「皆が分別をしっかりしているから自分もきちんと分別しよう」ということがあるのではないだろうか。この点は中身の見えるゴミ箱と見えないものでどの程度分別がうまく行われているかを比較することで確認することができる。

　このようにいくつか仕掛的なものをリストアップしていくことで，仕掛けの発見やより良い仕掛けの提案につながるだろう。学生にとっても，こうした身近なところで人間の（潜在）意識にどのような効果があるかを考える機会となり，マーケティングを学ぶ上でも有用であろう。

Q3. 出かける前の予想と後の結果ではどういった違いがありましたか？

• チェーン店に仕掛（学）が多いと感じた。

• 表面的に集客するようなことはしていないが，感染対策を行なっているというアピールや，お客さんの意思で入ろうと思ってもらえるような工夫がされていると感じた。

- 思っていたよりも見つけ出すのが難しかった。
- 仕掛学がたくさんあると考えていたが，あまり仕掛学というものがわからなかった。どれが仕掛学にあたるのかがはっきりわからなかった。
- 意識して探すと色々なところに仕掛けがあることがわかった。
- ありふれているが，意外と注目していないと見つけられない仕掛けが多くあると思った。
- 見慣れた風景だが，探すと様々な仕掛けがあり，工夫がいくつか見つけられた。駅には仕掛けがたくさんあると思っていたが，思っていたよりは見つからなかった。
- 入りやすいようにしている店舗もあれば，目を引いて足を止めてもらうことを目的に工夫しているものもあった。
- 派手な看板やパネルなどはあまり見当たらず，むしろひっそりとした雰囲気や昔を思い起こすような外観の喫茶店や古書店が多かった。
- 古本屋しかないかと思ったが，路地を入ると変わった飲食店など，知る人ぞ知るお店が並んでいた

　事前の予想に反して，なかなか仕掛け的なものを見つけることは難しいことを感じた学生が多かったようである。また，「何が仕掛けかわからない」という疑問も生まれている。この疑問は何を学ぶ上でも必要なものであり，こうした疑問を学びにつなげることが重要である。幼い子供と異なり，大学生にもなるとある種の好奇心が薄れてしまい，疑問に思ったことを調べたり尋ねたりすることなく流してしまうようになる。身の回りを注意深く見て生まれた疑問を深く掘り下げていくことが望まれる。

Q4. 今日のフィールドワークの感想を教えて下さい。また，何か学べたことはありましたか？
- はじめてのフィールドワークで楽しかったですが，非常に暑かったです。
- 各お店で工夫がされていて，少しでもお客さんが入りやすい工夫がされていると感じました。コロナだからお客さんを集めないのではなくて，お店なりに配慮をした営業をしているところが多いと思いました。
- 生活している上で，仕掛学にもとづいて作られているとは気づかずに使って

いたり，見ていたりしていたものに気づくことができて面白かったです。

- 卒業後，お菓子の営業をやるので仕掛学というものを学べてよかった。個人的にもっと深く学びたい。
- 普段は意識していないところも，人の目をひくように工夫されていて，無意識にそれにひきつけられていることがわかった。
- 意外と気づいていないけど，ふいに立ち止まってその仕掛けに影響を受けていることが多いと思ったし，実際にそこに人が集まっていたりしていて影響力は大きいものだと思った。
- 大学周辺を散策したのが楽しかったです。たくさんは見つからなかったけど，どんな工夫があるか考えながら歩いていると見つけられたし，自分でも気づかない工夫がもっとあるのだろうと思いました。
- 古本屋は，外からでもどんな種類が売っているかがわかりやすいと目的に応じて入りやすく，店内が明るいと入りやすいと感じた。店舗は外装で目に留まりやすい工夫をすると，多くの人に店内まで入ってもらい，話題にもなりやすいと感じた。
- 初めてグループに分かれて歩きながらのフィールドワークを行えたのでとても楽しかったです。次は実際にお店の中に入って商品の食べ比べなどをして商品差別化をしてみたいです。神保町は古書店，喫茶店またカレー屋や中華などの飲食店が多いので，客を引き寄せるための仕掛けが数多くあり，中でもお店の入り口の壁にペイントしているお店の仕掛けが印象的でした。また客を引き寄せる仕掛けが知れて良かったです。
- もっとちゃんと予想を立てたり，それを共有したり，実際に着目する点について考えてから行くべきだったと思う。ただただ歩いて「初めて見た」となってしまった。もうちょっと準備段階が欲しかった。仕掛学など今までやってこなかったからこそ今回のフィールドワークは楽しかった。

　これらからわかることは，まずはフィールドワークの楽しさを感じていることである。地理学専攻などに比して，商学専攻ではフィールドワークをすることも限られている。街に出て，実際に歩いて観察することに興味を持つことができた。それは裏を返せば，普段はあまり周りに注意を払うことなく，何気なく歩いていることが多いということかもしれない。

また，1つ前の質問項目に対する回答にも通じるが，「もっと仕掛学を学んでみたい」，「事前にもっと準備をしておけば良かった」といった学問に対する前向きな回答が得られた。教育的な観点からも，座学だけで学ぶのではなく，実際の事例を自らの足で確認するような作業を行うことで関心・理解が深まるといえる。さらに「次は店の中も調査したい」といった今後の方向性なども示唆しており，活動の発展が期待できる。

## 3-2　日本橋界隈のフィールドワーク

　続いて2021年6月23日には日本橋界隈でのフィールドワークを実施した。ここではこの活動の概要を記し，前項同様，何が得られたのかを整理してみたい。

　まず，今回の活動の概要を説明しよう。前項で取り上げた神田キャンパス近隣での「仕掛け」をテーマに行ったフィールドワークを受けて，大学の外に出て歩くことから何を学ぶことができるのか，回を繰り返すことでフィールドワークの質が上がってくることを期待した。今回のテーマとしては，「日本橋界隈で何が自分の目を引くか」というもので，街を注意深く歩き，自身がどのようなことに興味を引かれるのかを明確にしようという試みであった。それは今後，社会人として生きていくときの「ヒント」にもなるのではないだろうか。自社の商品を買ってもらうためにどのように広告するのか考えるきっかけになるだろう。

　参加者はゼミの3・4年生合計20名であった。3年生を3人×4グループに，4年生を4人×2グループに分けた。今回はグループも多くなったこともあり，特に事前に綿密にルートを決めることはなく，各グループの自主性に任せて自由に動いてもらった。各グループ60分程度で散策していった。

　今回は出発前に以下のような質問をあらかじめ挙げておき，学生には活動終了後に回答してもらった。

---

Q1.　今日の成果を報告して下さい。

Q2.　前回の神保町エリアでのフィールドワークに参加した人は，前回と今回の「違い」として何か感じましたか？

Q3.　今回の全般的な感想などを教えて下さい。

---

回答結果（以下，学生の回答については，文体や表現に一部手を加えている。）
Q1．今日の成果を報告して下さい。

- 目を引くオブジェなどが至る所にあった。
- 日本橋には初めて行ったが，日本の中心である東京のイメージや雰囲気を壊さないような「日本らしい」建物や建造物が多くあったように思った。また，オリンピックがあることで，オリンピックを応援しているような雰囲気も漂っていた。
- 日本橋の橋付近に趣があるスターバックスを発見した。
- 日本橋の向こう側にあるスターバックスの立地が気になった。日本橋を写真で撮るとスターバックスの文字が見えるのが印象的だった。これは観光客に見えるように看板が立てられたのかと気になった。また，三越が目の前にあるため，買い物客の休憩にちょうどいい立地だと思った。角に立っているため，信号待ちをしているときに，ふと目に入ると入りたくなるような店の前の看板などがあったため，いろいろな工夫がされているのかなと思った。
- 来たことがある場所ではあるが，何か仕掛けはないかを注目して見ることができた。
- 目を引くようなものが探すとあるかと思ったが，思ったより見つけられなかった。
- ビル全体を使ったアートや東京オリンピックに関連したモニュメントを見つけた。
- 会社が多いからかビルなどの高い建物が多く見られた。また，三越などの歴史ある建物や有名な商業施設もあり，顧客のニーズを捉えていて，日本橋らしいと感じた。
- ビルの窓ガラスに装飾がしてあったのが印象的だった。
- 日本橋駅近辺から東京駅あたりまでを店構えなど人を惹きつける点に着目しながら散策した。
- 私は，グループ研究でコーヒーチェーン店の立地を調べていたこともあり，スターバックスコーヒーに注目しました。
- 日本橋で，比較的通行量や人の往来が多いと思われる交差点に店舗がありました。人通りが多い場所に立地し，広告費を抑えるスターバックスの戦略があると考えました。また，日本橋の景観を損ねないように，店舗の配色も黒

を基調としているということがわかりました。

- 日本橋や三越前，ショッピングモールの中，日本橋駅内を歩いた。ビルが多く，全体的な色味が黒やグレーなど落ち着いた街並みだと感じた。
- ビルの窓ガラスに絵が描いてあったり，建物の作りがレトロなのが多くあったり，目をひくものが多くあるように思った。
- オリンピック前の日本橋を堪能できた。個人店に（仕掛けが）多い様な気がした。

　神保町エリアと異なり，オリンピックに関連するものが散見されたようだ。コロナ禍で観光客が減っているが，日本橋の方が観光向けのエリアということでPRしていると考えられる。また，スターバックスに目を引かれた学生もいたようで，なぜ目を引くのか一歩進んで考えてみるとマーケティングについての理解が深まってくるだろう。新しいオフィスビルや商業ビルも多く，そういうところでは壁面緑化などあまり目にしないものがあることも気づくことができる。「仕掛け」の観点からのコメントもあったが，やはりここでも簡単には見つけられなかったようである。

Q2．前回の神保町エリアでのフィールドワークに参加した人は，前回と今回の「違い」として何か感じましたか？
- ビルや大きい建物が多くあったが本屋などが少なく，目を引くような仕掛けを見つけることが難しかった。
- 前回は飲食店を中心に見ていたが，周りに大学が多いからか，学生向けの安価な店が多く，飲食店が立ち並んでいるように思いました。今回はオフィス街で，社会人の方がランチに行くようなお店や，ビルや商業施設が多く，学生向けではないような比較的高価なお店も多く立ち並んでいるように思った。
- ビルだらけで個人店が無い印象だった。
- 道が広い，建物が一つひとつ大きくて高い。
- 前回，仕掛けを探していたので，今回は前回よりも仕掛けのような工夫を見つけやすくなったと思う。
- 神保町よりも日本橋駅周辺の方が，大きなビルが多く有名な会社のオフィスの看板もよく見かけたように感じた。

- 道が広くひらけているところが多いと感じた。
- 街の雰囲気に違いを感じました。
- 前回は神保町でのフィールドワークだったので飲食店や古書店が数多くあり，あらゆる「仕掛け」が見られたが，日本橋でのフィールドワークでは飲食店などにあまり「仕掛け」はなく，百貨店やビルなどに仕掛けが見られたという点で「違い」を感じた。
- ビルが多くて，道が広い。

　飲食店の違い，本屋は少ないといった観点から，神保町と日本橋の違いを感じ取っていた。街というレベルでの「差別化」も重要な視点である。個別の店舗や商品は経営する個々の判断で裁量的に差別化することができるが，街全体としては何らかのオーガナイザーが必要なケースもある。こうした観点も研究課題となりうるだろう。

## Q3.　今回の全般的な感想などを教えて下さい。

- オリンピックの意識を高めるような旗やオブジェが多く見つけられて，盛り上げようというのが街の様子や置物から伝わってきた。仕掛けを見つけることに苦労したが気づかないうちに目を惹きつけるものが多く存在しているのかなと思った。
- 日本橋を中心に，建造物が多いように感じた。海外の方がきても「日本にきた」と思わせてくれるような作りをしているものが多く，さすが東京だなと感じた。知らない地に降りることは用事がないと行かないので，このような機会に探索できて楽しかった。
- 三越などのデパートに入って無いですが，その中にも仕掛けはあると思うので今後はそこまで見てみたい。
- オフィス街が多くてサラリーマン，OLの方，また大人の方が多かった。
- 若い人よりも大人の人の方が多かった。
- 前回よりも過ごしやすい気温でやりやすかった。なかなか見つけられなかったので他にどのような目を引く仕掛けがあるのか知りたくなりました。
- あまり来たことのない場所をゆっくり歩いてみて回れたからよかった。
- 近くでも神保町と比べると東京駅の周辺は広くごちゃごちゃしていない印象

を持った。

- 特徴的な形の建物が多く，前回より「気づき」につながるものが多かった。
- フィールドワークを行う前に，グループで一度現地にどのようなものがあるか話し合う方がいいと思った。
- サラリーマンなど大人が多いことから面白く目を見張るものというより，お店の商品や高級感などの魅力を演出するような仕掛けが多いのではないかと感じた。他の違うタイプの街などでも改めてやってみたいと思った。
- 普段は何も考えずに通っている道や街でも，そこに立地している会社や店などの立地戦略を考えながら歩くことで，違った見え方がしてくるということがわかり，面白いと思った。
- もっとフィールドワークをしたいと思った。
- 日本橋，三越前を散策してみて，全体的に色味が黒やグレーなど落ち着いた建物が多かった。また，高層ビルが多く，証券会社や銀行，高島屋や三越など伝統のある企業や不動産が多く感じた。オリンピックが開催されるため，オリンピックのシンボルマークや旗が多くあった。
- 駅の改札内にある掲示案内板は蛍光の黄色でわかりやすく見つけやすいと思った。ATMに並ぶ時の足のマークなど目で見ただけで理解できるのがいいと思う。
- 若者が少なく，オフィス街なので落ち着いた雰囲気の街並みだった。
- 初めてのフィールドワークでしたが，久しぶりにみんなと会えて楽しく参加できました。

　最初の2つの質問とも関連するような回答も目立った。街を歩く人間のタイプの違いにも気づいたので，そこから街がどのように形成されているのかを考えることも重要な視点である。まだわずか2か所を回っただけであるので，さらに回数を増やすことでどんどん「精度の高い」フィールドワークができるようになると期待される。これまでは「初心を大切に」，あまり先入観を持たないように事前に調べることはほとんどしていないが，今後は事前に調べたときにどのような違いが生まれるかを見てみたい。これまでの経験から「何を調べるか」も以前よりも効率的に，より良い事前準備ができると良いだろう。

# 4 おわりに

　本章では，ゼミ活動において都市部におけるフィールドワーク，ビジネス・サファリを実践することで，主として学生がどのような反応を示すかを報告してきた。ゼミ自体のテーマが直接的にビジネス・サファリや仕掛学というわけではないものの，都市において自らの足で歩いてみるということで，個々の学生もこれまで見えていなかったものが見えたように担当教員としては感じている。日本は諸外国と比較しても経済成長が鈍化しており，少子高齢化の進展など極めて厳しい時代に突入している。これからを担う人材を育てる上で大学の果たすべき役割は大きい。教育の内容も座学中心から実践的な内容に変化していくべきであろう。通常の専門科目などでは気軽にフィールドワークを行うことは簡単ではないだろうが，ゼミ活動においては普段からどんどんフィールドワークを行っていくのが「補完的な」教育として良いのではないだろうか。

　筆者の所属する大学は都心に立地しており，本書が取り上げているようなビジネス・サファリ，都市型フィールドワークを実践する機会に恵まれている。今はまだまだ未熟な活動にすぎないが，今後も活動を継続していくことで，どんどん質の高い成果が報告できるようにしていかねばならない。自戒の念をこめ，筆を置くことにしたい。

[注記]
1）2021年4月現在，大阪大学大学院経済学研究科教授。
2）https://www.mhlw.go.jp/stf/covid-19/open-data.html
3）なお，活動においては大学の定める手続きとガイドラインに従い，新型コロナウイルスの感染拡大防止に努めて行われ，これによるクラスターなどが発生していないことを念のため申し添えておく。
4）なお，仕掛学の松村真宏教授によれば，そもそも透明化した背景にはテロ対策という目的があったとのことである。

[参考文献]
Richard H. Thaler, Cass R Sunstein（2009），"*Nudge: Improving Decisions About Health, Wealth and Happiness*", Penguin.
キャス・サンスティーン（田総恵子訳）（2020）『ナッジで，人を動かす―行動経済学の時代に政策はどうあるべきか―』NTT出版株式会社。

厚生労働省「オープンデータ：新規陽性者数の推移（日別）」（https://www.mhlw.go.jp/stf/covid-19/open-data.html，2021年9月16日アクセス）。

白岩裕子・池本忠弘・荒川歩・森祐介（2021）『ナッジ・行動インサイトガイドブック エビデンスを踏まえた公共政策』勁草書房。

八田達夫・八代尚宏編（1995）『「弱者」保護政策の経済分析（シリーズ現代経済研究）』日本経済新聞出版。

松村真宏（2016）『仕掛学—人を動かすアイデアのつくり方』東洋経済新報社。

# 第11章 ●

# The Fun Theoryを見つける

## 1 はじめに

　この章では，「The Fun Theory」にもとづく筆者らの取り組みについて紹介していく。「The Fun Theory」とは，スウェーデンのフォルクスワーゲン社が2009年に提唱した考えで，「人々の行動をより望ましい方向に変えていくための，『楽しく』取り組める仕組み」である。10章での記述のとおり，本プロジェクトを進めていくなかで，仕掛学を取り入れたビジネス・サファリのあり方が模索された。筆者は，仕掛学のルーツである「The Fun Theory」の経緯をたどるとともに，その応用方法を本書の執筆メンバーらと企画していった。結果，コロナ禍における出校規制によって実現には至らなかった。代わりに，ゼミ生と「まちのThe Fun Theory」を見つけたり，コロナ禍での「The Fun Theory」のアイデアを考えていった。

## 2 The Fun Theory

### 2-1　The Fun Theoryとは

　2009年，フォルクスワーゲン社は，「ブルーモーション・テクノロジー」を上市するにあたって，「人々の行動をより望ましい方向（for the better）に変えるための最も簡単な方法は，それを『楽しくすること（making it fun）』である」という「The Fun Theory」にもとづいて，「The Fun Theory Project」を立ち上げた。[1] 当時，エコカーの購入は，車の馬力と運転する楽しみを妥協しなけれ

ばならないことだというのが，スウェーデンでの一般的な見解であった。そうしたなかで，環境対応では後れをとっていた同社は，環境技術だけを訴求するのではなく，車を「ドライブする楽しさ」も訴求していった。

The Fun Theory を展開する上で，以下のクリエイティブな手法がとられた。

①実験：「The Fun Theory」を証明するために，「Piano Stairs」「The World's Deepest Rubbish Bin」「The Bottle Bank Arcade」の実験をストックホルムの各地で行った。

②ショートフィルム：①の実験は映像として記録し，YouTube に公開し，このアカウントを自社のキャンペーンサイト「the funtheory.com」にリンクさせた。

③ハブ：キャンペーンのハブとなる「the funtheory.com」を設け，①の実験動画や，関連するキャンペーン情報を掲載するとともに，「デジタル・ブルーモーション・ショールーム」へのリンクを通して，顧客に自社技術をもっと知ってもらえるようにした。また，「The Fun Theory Award」を設け，「楽しさ（fun）」を通して人々がより望ましい選択をする手助けとなるようなアイデアを募った。

④バーチャル・ショールーム：このサイトでは，「The Fun Theory」の哲学と，それがブルーモーション・テクノロジーにつながっていることを説明するようにした。ここでは，試乗の予約と，近隣ディーラーとの連絡をとることができる。

⑤Facebook：人々の発明力を促すとともに，「The Fun Theory」に興味を抱く顧客とのコミュニケーションを維持するためにFacebookのサイトを設けた。

⑥メイン・ウェブサイト：ここでは，ブルーモーション・テクノロジーと「The Fun Theory」をプロモーションするために，2つのエリアに分けてサイトを運営していった。

⑦ペイドメディア（Paid or Bought Media）：このキャンペーンでは，既存のメディアの利用はできるだけ少なくしたが，ブルーモーションのモデルが発売されたりプロモーションされる際には，いつでもペイドメディアに自社ショールームへのリンクを付け，顧客が「The Fun Theory」に関与できるようにした。

「The Fun Theory」は，スウェーデン国内で行われたローカル・キャンペー

図表11-1　Piano stairs - TheFunTheory.com - Rolighetsteorin.se

出　所：https://www.youtube.com/watch?time_continue=1&v=2lXh2n0aPyw&feature=emb_logo
　　（2020/05/25）

ンだったが，口コミや，新聞，ＴＶに取り上げられたことで，数日間で世界中
に広がった。YouTubeは2,000万ビューと1.2万のサブスクライバー，Facebook
はシェア20万と3.5万人のファン，10万ツイート，自社サイトには260万人が
訪れた。2009年当初の販売目標は2,500台だったが，結果は4,046台となった。
2009年の1〜6月期，エコカー市場におけるフォルクスワーゲンのシェアは7.99
％だったが，2010年の同期間では14.74％となった。また，自動車市場全体にお
ける同社のシェアは，2009年1〜6月期の3.99％から2010年同期の12.90％へと
上昇した。

## 2-2　The Fun Theory Project

　「The Fun Theory Project」の一つとして取り組まれたのが，ストックホル
ムのOdenplan駅の階段に設置された「Piano Stairs」である（図表11-1）。これ
は，階段をピアノの鍵盤のように白黒に色分けし，一段一段踏んでいくと異な
る音程の音が鳴る仕組みである。これによって，駅の利用者たちには，エスカ
レーターよりも階段の方を「楽しそうに」選ぶよう仕向けた（by making it fun
to do）。結果，通常よりも66％以上の人が階段を利用するようになった。
　もう一つの代表的な取り組みは，「音の出るゴミ箱」である。フォルクスワー
ゲン社は，ゴミ箱にセンサーを取り付け，ゴミを投入すると「ヒュ〜ン…，ド
ーン」という深い底に落ちていくような音が出るゴミ箱「The World's Deepest

図表11-2　The world's deepest bin

図表11-3　COFFE BIN

図表11-2　出所：https://www.youtube.com/watch?v=qRgWttqFKu8&list=PLQoAlrVrUqklFMgTSi
　　　　　yhDCElBmKJsPfva&index=3 (2020/05/25)
図表11-3　出所：https://www.youtube.com/watch?v=qI_U2F0F2XU&list=PLQoAlrVrUqklFMgTSi
　　　　　yhDCElBmKJsPfva&index=6 (2020/05/25)

Rubbish Bin」を開発し，公園に設置した（図表11-2）。結果，1日で約72kgのゴ
ミを回収することができた。これは，一般的な他のゴミ箱よりも約41kg多く回
収したことになる。これによって，「『楽しさ』は明らかに人々の行動をより望
ましい方向に変えること（Fun can obviously change behavior for the better）」
を同社は証明した。

　他方，毎年，大量（約25億個）のペーパーカップが捨てられている現状を受
け，カップを投入すると音の出る「COFFE BIN（That Speaks）」をキャンパ
ス内のカフェや通路などに設置するケースも見られた（図表11-3）。結果，その
音声（ゲップのような音）を楽しむ人たちがカップを投入するようになり，こ
のゴミ箱の存在を記憶に留めるようになった。

　このプロジェクトの成功によって，「The Fun Theory」は，世界の様々な国
で様々なアレンジをされながら広まっていった。イギリスのNorthumbria大学
では，階段に2色の印をつけ，飛び石を渡るような感覚で階段を登って楽しめ
る「Doodle Jump Stairs」の実験が行われた（図表11-4）。

　マレーシアのKebangsaan大学では，階段1段を登るごとに減らせるカロリ
ー消費量（0.17kcal）を階段の脇に表記することで，利用者の健康効果（減量
など）と，大学の電気消費量の削減を促す「Loser's Stairs」の実験が行われた
（図表11-5）。

図表11-4　Doodle Jump Stairs - The Fun Theory

出所：https://www.youtube.com/watch?v=CWwee62DW3U (2020/05/25)

図表11-5　Loser's Stairs - The Fun Theory

出所：https://www.youtube.com/watch?v=Zz31FXmsFwE (2020/05/25)

　これらの先行事例は，階段上りやゴミ捨てを「楽しむ」という「私的な喜び（私益＝利己的な目的）」と，環境対応（ゴミの回収率の向上，省エネルギー）や人々の健康増進といった「公益＝利他的な目的（社会・経済的課題の解決）」とが一挙両得となるような仕組みになっている。

# 3 The Fun Theoryの試み

## 3-1 Senshu Fun Stairs

「The Fun Theory」の先行事例を踏まえ，我々は，「楽しい」階段の利用方法を促す「Senshu Fun Stairs」をキャンパス内に試験的に設けようと考えた。2020年の3月以降，新型コロナウィルス（Covid-19）の感染が拡大したことで，我々は，オンライン授業への移行が余儀なくされていた。しかし，5月下旬には緊急事態宣言が解除されたことで，入校制限も緩和され，教室や食堂，エレベーター内での密接な環境（3密：密集，密接，密閉）を避けるよう，学内では様々な対策がとられ始めていた。そこで，学内における感染症の拡大予防と，省エネの推進，学生や教職員の健康増進を図ること，及び「The Fun Theory」の検証と学術的成果の社会還元を目指して，我々は「Senshu Fun Stairs」の企画を練っていった。

「Senshu Fun Stairs」の目的は，以下の点にある。

①キャンパスでの階段の利用を促すことで，エレベーターの利用者減少に伴うエレベータ内での「3密」をできるだけ回避し，学内における感染症の予防に寄与する。同時に，キャンパス内での人々の移動の円滑化（エレベーター待ちの減少による時間短縮）や省エネ（電力消費量の抑制）を図る。また，階段の利用を促進することで，大学関係者の健康意識の向上に寄与する。

②商学研究所プロジェクト研究「都市型フィールドワークの技法」の一環として，社会・経済的課題の解決に資する「The Fun Theory」の検証と行動観察を行い，その成果を教育・研究，社会的活動に還元する。

## 3-2 設置方法

設置場所は，本学で最も高い16階建ての神田キャンパス10号館，もしくは15階建ての1号館の階段と，その周辺1〜2m範囲。該当する建物のすべての階段と，各階段入口周辺に犬や猫の足跡型シールを貼る（図表11-6）。

足跡型シールは不規則な位置（斜め右や左，2段・3段飛ばしなど）に貼付するとともに，数個に1つは小型の笛を挿入し，踏むと音が鳴るようにする。階

**図表11-6　設置方法**

靴跡（26×10cm）　　　犬の足跡（5×5cm）　　　貼付イメージ

出所：https://news.mynavi.jp/photo/article/20140106-a453/images/045l.jpg (2020/05/25)

段の脇には，1段登るごとに減らせるカロリー消費量（0.17kcal）を表記することで，利用者の健康意識の向上を促す。さらに，利用者のプライバシーに配慮した形でビデオカメラを設置するとともに，セキュリティ・カメラを活用して利用者の行動記録をとる。設置時期は，2020年11月・12月の間の1か月間。昼休みを中心に，休み時間など，人々の移動が多い時間帯を見計らって行動観察も行う。

## 3-3　データ収集と情報発信

　1階の階段入口にはQRコードを貼り付け，スマホのQRコードリーダーをかざすと「Senshu Fun Stairs」がスタートする。各階の出口に設置したセンサーからログを取り，1日に何階上り，どれくらいカロリー消費をしたかが，瞬時に画面に出てきて記録できるようにする。

　データ収集に際しては，事前に利用者から承諾を得た上で，iPhoneの「ヘルスケアアプリ[2)]」を利用してもらう。このアプリでは，約3m（16段）を上ったときに階数が1段増える仕組みになっている。これを用いて，1日，1週間，1か月で何kcal消費したかを記録してもらう。申告されたデータには，学内だけでなく，通学途中の駅やアルバイト先など，学外の階段を利用したデータも含まれるが，今回の調査は，本学の階段のみの利用促進を図ることではなく，都市空間における「3密」を避け，移動の円滑化，省エネ，利用者の健康意識の向上を促すことが最終的な目的であることから，申告されたすべてのデータを分析する。これを実施するにあたっては，図表11-7に示す投稿フォームも作成

した。

　収集・分析したデータは，個人情報に配慮した形で一部を公表することで，利用者の達成感や承認欲求を満たすとともに，モチベーションや競争心を喚起する。1フロア上の階まで階段を利用した場合，約16段×0.17kcal ≒ 2.72kcalとなることから，1日の消費カロリーや登段数の上位3名を発表したり，週間・月間記録，ゼミやサークル全体での記録を公表するなどして利用者のランキングをつけ，最も階段を上った「週間MVP」「月間MVP」などの表彰を行う。

　また，個々の利用者に対しては，登った階段の累積段数に応じて様々な賞がもらえるようにする。具体的には「法隆寺賞（約32m ≒ 8.6階 ≒ 23.4kcal）」「自由の女神賞（93m ≒ 25.8階 ≒ 70.2kcal）」「東京タワー賞（333m ≒ 92.5階 ≒ 251.6kcal）」「スカイツリー賞（634m ≒ 176階 ≒ 478.7kcal）」などである。ただし，「おめでとう！あなたは東京タワー賞です」の画面表示だけで副賞は設けない。自身の記録を残し，その努力を第3者が表彰する（褒めてあげる）ことで，利用者の達成感や承認欲求を満たせるようにする。長期間行うのであれば，年間記録や大学4年間の累積記録などにもとづいた，「箱根の山は天下の険で賞（737m）」「軽井沢賞（941m）」「フジヤマ賞（3,776m）」「エベレスト賞（8,848m）」「大気圏で賞」（500km）」などが考えられる。

　調査終了後は，研究成果を社会に還元するとともに，今後の協力者（サポート企業や団体）を広く募る目的で，HP「senshu_fun_theory_jpn」を開設し，調

図表11-8　JR北浦和駅

出所：ゼミ生撮影

図表11-9　東急ハンズ渋谷店

出所：ゼミ生撮影

査レポートや動画を配信する。

　筆者らは，3か月ほどかけて上記の企画を練り込んでいった。しかし，2020年度の講義は，ほぼすべてがオンラインとなり，学生や教員が出校する機会はほとんどなかった。2021年度も，講義はオンライン授業が中心となったため，我々の企画が実現されることはなかった。

# 4 The Fun Theoryを見つける

## 4-1　まちのThe Fun Theory

　2020年度以降，緊急事態宣言が解除された頃を見計らって，筆者はゼミ生とともに，「まちのThe Fun Theory」を見つけようと調査した。まだまだ事例は少ないものの，様々な企業が「人々のより望ましい行動」を促すべく，「楽しい」仕組みを進めているようである。以下では，その一部を紹介していく。

### (1) Fun Stairs

　階段にカロリー表記をすることで，階段の利用と健康的な生活を促す「Fun Stairs」は，「The Fun Theory」の定番といえる。JR京浜東北線の北浦和駅（埼玉県さいたま市）には，ホームから改札に向かう階段に「Fun Stairs」が設け

図表11-10　ショッピングモールでの子供向けThe Fun Theory

出所：ゼミ生撮影

られている（図表11-8）。そこには，階段を上ることで消費されるカロリー（1
段で0.1kcal）が表記されており，踊り場（中間点）の手前には，「1.7kcal消費」
「消費カロリー表示中」，その先には，「1.8kcal」「あと少し！お気をつけて行っ
てらっしゃいませ」とあり，34段を上り切る手前には「3.4kcal消費」「お疲れ
様でした」と表記されている。一方，東急ハンズ渋谷店の「Fun Stairs」は，北
浦和駅よりも詳細な表記になっている（図表11-9）

## (2) 子供向けのThe Fun Theory

　子供たちがショッピングモールで楽しく過ごせるように，壁や廊下に絵やオ
ブジェをデザインするケースは各地で散見される。図表11-10の右は，押すと光
るイカの絵をたどっていくと，トイレにたどり着くようになっている。

## (3) リサイクルを促すThe Fun Theory

　カプセルトイ専門店である「ガチャガチャの森」では，空のカプセルを回収
するリサイクルボックスが設置されている（図表11-11，図表11-12）[3]。投入口に
空のカプセルを入れると，スロープを転がって回収箱へ落ちるという，至って
単純な仕組みであり，かつ，空のカプセルを投入しても何か賞品が当たる訳で
もないが，思わずカプセルを入れたくなる仕組みになっている。
　表参道（東京都渋谷区）には，IOTを活用したゴミ箱「SmaGO（スマゴ）」が

**図表11-11　カプセルトイ**

出所：https://www.gachagachanomori.com
(2021/12/30)

**図表11-12　カプセルのリサイクルボックス**

出所：ゼミ生撮影

**図表11-13　森永 SmaGO の仕組み**

出所：https://www.morinaga.co.jp/sustainability/
smago/ (2021/12/30)

**図表11-14　表参道のSmaGO**

出所：https://forcetec.jp (2021/12/30)

設置されている[4]。これは，箱の上部にあるソーラーパネルで発電し，3G回線を通してゴミの蓄積状況をクラウド上でリアルタイムに把握できるようになっている。ゴミ箱が一杯になると自動的に圧縮され，圧縮しない場合の5～6倍の容量を収容することができる。これによって，ゴミの収集作業を効率化でき，回収コストや回収作業に伴う $CO_2$ 削減が期待できる。また，ゴミ箱のフタは足で踏むと開く非接触型になっている。

　森永製菓は「SmaGO」のオフィシャル・パートナーとして「キョロちゃん」をデザインしたゴミ箱を表参道や「RAYARD MIYASHITA PARK」に設置した（図表11-13，図表11-14）[5]。その中には，音声センサー機能を追加したSmaGO

があり，フタを閉めるとキョロちゃんの「ありがとうクエッ」という音声が流れる。森永は，ゴミのポイ捨ての抑止，分別意識の共有の促進を図るとともに，音声が流れるゴミ箱を「探して楽しんで欲しい」としている。こうした仕組みは，「2 The Fun Theory」で紹介した「音の出るゴミ箱」を応用したものといえる。

## 4-2　The Fun Theoryを考える

　これまでの研究をもとに，神原ゼミでは「The Fun Theoryを考える」と題して，身近な社会・経済的な課題に「楽しく」取り組めるような仕組みを考えていった。その中で，入店待ちやレジ待ちなどの行列で退屈したりイライラしたりしないように，行列と謎解きを組み合わせた「待ち行列×謎解き（なぞなぞ）」が提案された。

　これは，人気店での入店待ちや，イベントなどでの入場待ち，アトラクションや乗り物の順番待ち，混雑するレジ待ちなど，人々が行列に並ぶ際の苦痛な時間を謎解きで楽しく過ごせるようにしたものである。「The Fun Theory」は，公益（社会的便益）の向上に向けて人々を動機づける仕組みだが，それを応用して，行列という苦痛な時間（顧客の不満）を「楽しい時間」に変えていくことで，当該店舗やイベントなどへのロイヤルティを高めるマーケティングの手法（仕組み）といえる。

　設置・運営方法は以下のとおりである（図表11-15）。まず，店内入口やレジまでに足跡のシールなどを約50～60cm間隔で貼り付け，足跡と足跡の間に謎解きの問題を貼付する。すると，「足跡⇒問題⇒足跡⇒問題」の順になる。各問題の答えは，その前の足跡の上に記載する。行列に並ぶ顧客は，最後尾の足跡に立つと，目の前にある謎解きの問題を目にするが，その答えは前の足跡に記載されているので，自分の前で並んでいる顧客が移動しない限り見られない。前の顧客が移動すれば，答えを確認するとともに，次の問題が足元に見えてくる。そうして何回か謎解きを繰り返すうちに，入店やレジの順番がまわってくるという仕組みである。

　謎解きの問題は，当該店舗やイベントで提供される商品やサービス（メニュー）などにちなんだ内容にすることで，その店舗やイベントへの興味・関心を

図表11-15　待ち行列×謎解き

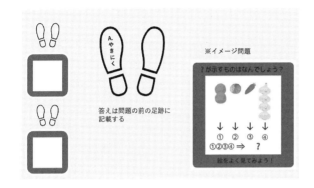

さらに高めるとともに，期待値やロイヤルティも高めることができる。問題は，
1〜2週間や1か月単位で入れ替えたり，天井からのプロジェクションを活用し
て頻繁に入れ替えることもできる。

# 5 まとめ

　本稿では，「The Fun Theory」の考えと，それにもとづく各国での様々な取
り組みを紹介していった。そして，筆者らが計画した「Senshu Fun Stairs」の
概要と，ゼミナールでの取り組みについて述べてきた。

　既存のフィールドワークは，人々の行動を客観的な立場から観察・記録する。
これに対して，人々に「望ましい行動変化」を起こすための「楽しい仕組み」
を意図的に設置し，その反応を観察・記録することで，「仕組みの有／無」によ
る効果検証や仮説抽出，課題解決のための指針の提示などを行っていくビジネ
ス・サファリのあり方を筆者らは考えた。ゼミ生には，「The Fun Theory」の
レクチャーを行い，「まちのThe Fun Theory」を見つけることから始めていっ
た。これをもとに，「Senshu Fun Stairs」や「まちのThe Fun Theory」などで
行動観察を行い，仮説抽出から課題解決まで取り組むことで，アクティブ・ラ
ーニングとしての教育的成果を上げていくことを想定した。しかし，コロナ禍

によって，志半ばで現在に至ることとなった。したがって当面は，新たなチャンスを探っていくことになる。


[注記]

1）'Volkswagen Sweden : The fun theory', Cannes Creative Lions, Creative Effectiveness Lions 2011, Emap Limited（https://www.warc.com）

2）「ヘルスケアアプリ（iOS）」https://www.apple.com/jp/ios/health/

3）「ガチャガチャの森」https://www.gachagachanomori.com

4）アメリカの「BIG BELLY社（https://bigbelly.com）」が開発したもので，日本の代理店は「株式会社フォーステック（https://forcetec.jp）」

5）「SmaGO×森永製菓」https://www.morinaga.co.jp/sustainability/smago/，「エンゼルPlus」https://ap.morinaga.co.jp/talk/tweet/tweet/22567/

# 第**12**章●
# ビジネス・サファリにおける
# 「遊び」

## **1** はじめに

　本章では，ビジネス・サファリを「遊び」の側面から捉えることで，ビジネス・サファリによる能動的な学習効果と探究心の向上に関する効果について考察する。ビジネス・サファリは，ノーマルなフィールドワークではなく，子供用のシティ・サファリのアイデアを取り入れるなど，遊び心を取り入れながら，初学者に向けて，フィールドワークを実践できるように設計されている。著者の2年ゼミナールでは，専修大学の神田キャンパスの近辺でビジネス・サファリを実施した。その際に，第10章「ビジネス・サファリ，仕掛学とゼミ活動」で紹介された仕掛学の仕掛けを発見することをテーマに行った。仕掛学は，行動を変えるきっかけとなる仕掛けを用意し，誰も不利益を被ることなく人々の行動を変容させることを重要視している[1]。そして，その仕掛けには，様々なアイデアが散りばめられており，対象者の遊び心を擽るものが多く提案されている。仕掛学は，まさに「遊び」の要素を取り入れた行動変容の取り組みと見なすことができる。

　また第11章「The Fun Theoryを見つける」で紹介されたThe Fun Theoryも，「面白さ」をもとにした，人々の行動を変容させる仕組みであり，仕掛学と同様に「遊び」の要素を備えている。これらの取り組みは，大掛かりな仕掛けもあるが，アイデア次第では，誰でも取り組めるような仕掛けが多いという特徴がある。また，2つの取り組みに共通する点は，面白さである。初学者がビジネス・サファリを実施する際には，このような遊び心を持つ仕掛けの発見をテーマにすることで，注目すべきポイントが明確になり，より質の高い行動観察が行えるようになる。また，都心の中にある仕掛けに気づくことで，なぜ

205

このような仕掛けがこの場所にあるのかという疑問を抱き，その理由を知るために更なる探求につながる効果が期待できる。つまり，ビジネス・サファリが持つ遊び心を活かしたフィールドワークに，仕掛けによる遊びの視点を取り入れることで，能動的な学修や探求へとつなげるためのきっかけを得ることができ，自ら学ぶことの楽しさと，その重要性に再度気がつくことができるのではないかと考えている。

# 2 学習と行動

　ビジネス・サファリに遊びの観点を取り入れた教育を実践することで，学修にとって重要な，3つのことを実践できるのではないかと考えている。それは，「自ら学ぶこと」，「行動すること」，そして「モチベーションを高めること」である。本節ではそれらを順に説明する。

## 2-1　自ら学ぶこと

　人間は，生まれながらに学ぶようにできており，そして，自分で知識を発見しながら成長する。特に幼児期の言語獲得を考えると明らかなように，母語を獲得するために，両親が文法規則のような言葉のルールを一から幼児に教えることはない。幼児は，聞こえてくる単語の意味を自分の持つ知識を使って推測し，間違いを修正しながら言葉を獲得している。幼児が成長するに従い，習得する様々なことは，トライアンドエラー（試行錯誤）を繰り返しながら，自らが実践し学んでいるのである。つまり，子供にとっては生活すること自体が学びであり，そして，学ぶこと自体が生きることである。

　しかし，子供が成長するに従い，徐々にこのような学びの意識が薄れていき，いつの間にか人から教えてもらうことに頼り，そして，記憶に頼った学習を重要視するようになってしまう。もちろん記憶することは学修にとって当然必要であるが，そのことだけに偏重してしまうことは好ましいことではない。

　認知心理学者の今井むつみは，探究心が薄れる要因として，成長に伴い，言葉で「教える」，「教えられる」機会が多くなることを指摘している。言葉によ

って知識を共有することは，効率的であるが，それと同時に効率性を求めることの危うさについても指摘している。つまり，言葉を使って教えられると，表面的に理解し，わかった気になってしまうことが問題であり，生来実践していた自ら発見することをしなくなってしまう問題点を指摘している。

　近年，教育の実践として注目されているアクティブ・ラーニングは，新しい知識を自分で発見し，学んでいくという幼児期から備わっていた学ぶ力を取り戻すための試みとして捉えることができるであろう。


## 2-2　行動するということ

　自分で知識を発見しながら成長するために，もう一つ重要な点は，行動することである。つまり，学んだことを実際に使ってみること，そのために行動できるかどうかである。どれだけ多くの知識を持っていても，どれだけ素晴らしいアイデアを持っていても，それをアウトプット，すなわち行動に移さない限りは意味がない。つまり，どれだけ価値のある情報も知っただけでは現実は何も変わらないのである。得た知識を活用し，行動に移すことができて初めて現実は変わる。そして，その経験を通じてこそ，自分の中に新たに実践可能な知識が蓄積される。学ぶということは，その繰り返しではないだろうか。

　しかし，多くの人が感じているように，得られた情報を活用するために，行動に移すことは簡単ではない。学生の多くは，提出期限が迫ってからあわててレポートを作成し提出するように，すべきことがわかっていても行動することはハードルが高いのである。それが自らが望んでいないことであれば尚更である。

　すぐに行動できるようになるためのヒントは，心理学における二重過程理論にある。二重過程理論では，進化的に古い認知システムと新しい認知システムという分類が提唱されており，例えば，ノーベル経済学賞を受賞したダニエル・カーネマン[3]は，前者を直感を表すシステム1，後者を推論を表すシステム2と呼び区別している。また，社会心理学者のジョナサン・ハイト[4]は，それらを象と象使いに喩えており，象が本能で，象使いを理性として表現している。

　二重課程理論をセルフ・コントロールの問題に利用した研究[5]では，象使いが象を抑えられない時，すなわち，システム2が直感的な衝動から生じる非規範

図表12-1　各学生の長期的スキルアップ管理シート

| 日付 | | | | | | | | |
|---|---|---|---|---|---|---|---|---|
| 2021年9月24日金 | 語学 | 読書 | | 英語勉強 | | 英単語 | タイピング練習 | 英単語 |
| 2021年9月25日土 | 語学 | 読書 | | 英語勉強 | | 英単語 | タイピング練習 | 英単語 |
| 2021年9月26日日 | 語学 | 読書 | | 英語勉強 | | 英単語 | タイピング練習 | 英単語 |
| 2021年9月27日月 | 語学 | 読書 | 簿記勉強 | 英語勉強 | | 英単語 | タイピング練習 | 英単語 |
| 2021年9月28日火 | 語学 | 読書 | 英語 | 英語勉強 | | 英単語 | タイピング練習 | 英単語 |
| 2021年9月29日水 | 語学 | 読書 | 英語 | 英語勉強 | | 英単語 | タイピング練習 | 英単語 |
| 2021年9月30日木 | 語学 | 読書 | TOEIC勉強 | 英語勉強 | | 英単語 | タイピング練習 | 英単語 |
| 2021年10月1日金 | 英単語(180語)タイ文字(第10課)読書 | 簿記勉強 | 英語勉強 | | 英単語20語 | 日経の記 | タイピング(232語/4分59秒) | |
| 2021年10月2日土 | 英単語(180語)タイ文字(第11課)読書 | 英単語300語 T( | 英単語80語 | 文法 時制 | | | タイピング(411語/11分01 | 商業簿記 債券 |
| 2021年10月3日日 | 英単語(180語)タイ文字(第12課)読書 | マーケティング | 英単語136語 | 文法 態 | 英単語20語 | | タイピング(325語/5分53秒) | 英単語 |
| 2021年10月4日月 | 英単語(180語)タイ文字(第13課)読書 | TOEIC英単語 | 英単語168語 | 文法 助動詞 | | | タイピング(242語/3分37秒) | 英単語 |
| 2021年10月5日火 | 英単語(180語)タイ文字(第14課)読書 | ALC TOEIC | 英単語125語 | 文法 助動詞 | | | タイピング(426語/6分23秒) | 英単語 |
| 2021年10月6日水 | 英単語(180語) 読書（文章 | ALC TOEIC | 英単語80語 | 文法 仮定法 | 英単語60語 | 読書 | タイピング(456語7分44秒) | 英単 |
| 2021年10月7日木 | 英単語(180語)タイ(第15課)読書(イ | ALC TOEIC ! | 英単語160語 | | | | | |
| 2021年10月8日金 | 英単語(180語)タイ読(第16課)読書(SFを素) | ALC TOEIC リス | 英単語160語 | 文法 不定詞 | | | タイピング(446語11分25れ | 商業簿記 現金 |
| 2021年10月9日土 | 英単語(180語)タイ読(第16課)読書(SFを素) | ALC TOEIC リス | 英単語160語 | | | | タイピング(169語/11分39れ | 商業簿記 銀行 |
| 2021年10月10日日 | 英単語(180語)タイ読(第17課)読書(SFを素) | ALC TOEIC リス | 英単語148語 | 文法 不定詞 | | | タイピング(179語11/分42れ | 商業簿記 債券 |
| 2021年10月11日月 | 英単語(180語)タイ(練習17) | 簿記　テキスト | 英単語160語 | 文法 動名詞 | | | タイピング(182語/8分22秒) | 商業簿記 債券 |
| 2021年10月12日火 | 英単語(180語)タイ(練習18)読 | 簿記 テキスト | 英単語160語 | 文法 動名詞 | | | タイピング(174語/9分59秒) | 商業簿記 棚卸 |
| 2021年10月13日水 | 英単語(180語)タイ(練習18)読 | 簿記 テキスト | 英単語146語 | 文法 分詞 | | | タイピング(154語/5分54秒) | 商業簿記 棚卸 |
| 2021年10月14日木 | 英単語(180語)タイ読(短なに重子自) | 簿記 テキスト | 英単語160語 | 文法 分詞 動 | 英単語40語 | | タイピング(160文字7分5) | 商業簿記 商品 |
| 2021年10月15日金 | 英単語(180語)タイ(練習19)読書(イ) | 簿記 テキスト | 英単語160語 | 文法 動詞の語法 | | | タイピング(142語5分46秒) | 商業簿記 商品 |
| 2021年10月16日土 | 英単語(180語)読書(イシュー) | 簿記 テキスト | 英単語160語 | 文法 動詞の詞 | 英単語40語 | | ゜ピング(76文字/3分14秒) | 商業簿記 商品 |
| 2021年10月17日日 | 英単語(180語)タイ(練習19)読書(イシュー) | 簿記 テキスト | 英単語160語 | 文法 動詞の語法 | | | タイピング(194文字/6分28秒) | 商業簿記 有価 |
| 2021年10月18日月 | 英単語(180語)タイ読(低子自)読書(イ) | 簿記 計算問題集 | 英単語94語 | 文法 動詞の語 | 英単語60語 | | タイピング(211文字9分58秒) | 商業簿記 有価 |
| 2021年10月19日火 | 英単語(180語)タイ読(低子自)読書(イ) | タイピング | 英単語168語 | 文法 動詞の詞 | 英単語10語 | | タイピング(138文字5分11秒) | |
| 2021年10月20日水 | 英単語(180語)タイ読(練習20)読書(無 | TOEIC 問題集 | 英単語130語 | 文法 動詞の語 | 英単語70語 | | タイピング(184文字10分17秒) | |
| 2021年10月21日木 | 英単語(180語)タイ読(第2 | TOEIC 問題集1 | 英単語256語 | 文法 動詞の詞 | 英単語20語 | | タイピング(254文字7分41 | 商業簿記 有価 |
| 2021年10月22日金 | 英単語(180語)タイ読(練習 | TOEIC 問題集4 | 英単語256語 | 文法 動詞の詞 | 英単語40語 | | タイピング(288文字10分1 | 商業簿記 有価 |
| 2021年10月23日土 | 英単語(200語)読書(株投資信 | TOEIC 問題集6 | できませんでした | | | | タイピング(149文字9分31 | 商業簿記 有価 |

的な反応を抑えられない時に，セルフ・コントロールに失敗することを述べている。つまり，人が行動する時には，両者の間で常に葛藤が起きており，象使いである理性は，象である感情をコントロールしようとするが，やがて意志の力では，本能である象を抑え込めなくなるということである。

　そこで，象の機嫌を損なわないように，行動の一歩目のハードルを下げることが重要となる。例えばレポートを書く場合には，すべてを最初から完成させるつもりで取り組むのではなく，文章を書くために，まずはWordを起動するだけで良い。Wordを起動してすぐに閉じる人はまずいないであろう。そして，次にタイトルだけ書く。このようにタスクを細分化し，できるだけハードルを下げることが象のやる気を削がないためには効果的である。

　筆者のゼミナールでもこのようなアドバイスに従い行動する学生が増えている。学生は，長期的なスキルアップを目標に，毎日，各自が自主的に学んだことをシートに記入し，それを全員で共有している（図表12-1）。2年生の後期から，ほとんどの学生が毎日自分の学びを継続している。

## 2-3　モチベーション

　モチベーションの理論は，1950年代より数多くの研究が行われており，心理学と経営学の分野で，内容理論と過程理論という枠組みで発展してきた。内容理論は，モチベーションは何によって発生するかというWhatに関する理論であり，過程理論は，モチベーションはどのように形成されるのかというHowに関する理論である[6]。これらは，内発的動機づけと外発的動機づけとも関連している。

　内容理論の一つとして，マズローの欲求階層説[7]がよく知られており，人の欲求は，生理的欲求，安全欲求，社会的欲求，尊厳欲求，自己実現欲求という5つの階層から構成され，低層の欲求が満たされるとより上位の欲求を満たそうとするという理論である。また，内発的動機づけも内容理論の一つであり，人は外部から得られる報酬（外発的動機づけ）だけではなく，自分の中から湧き上がる意欲によって行動に移すことができるという考えで，これを内発的動機づけと呼んでいる[8]。

　過程理論は，モチベーションが人を動かす過程について着目した理論として，期待理論，達成動機理論などがある。期待理論[9]は，行動することによって得られる結果への期待値と，その報酬の魅力によってモチベーションが決まるという理論であり，期待，道具性，誘因性の掛け算でスコア化される。期待は，行動によってどれだけの結果が得られるかを示しており，道具性は，成果が得られた場合に，さらに何がもたらされるのかを示している。誘因性は，もたらされるものが自分にとってどれだけ価値があるかを示している。

　達成動機理論[10]は，課題を達成した時に得られる期待と達成感の関係をモデル化した理論であり，簡単な課題は達成しやすいことから達成への期待は高くなるが，達成感は低くなり，この2つは反比例の関係となる。逆の場合も同様で，達成への期待が低い場合には，達成した時の達成感は高くなり，反比例の関係となる。この理論は，期待と達成感を反比例と捉え，それらを掛け合わせることでモチベーションの強さをモデル化している。

　また，内発的動機づけを発展させた自己決定理論[11]が，1970年代以降では，動機づけ研究の主流になっている。自己決定理論とは，人が意欲的に行動するためには「自分自身の選択で行動していると心底感じられるかどうかであり，自

己決定理論が提唱される以前は，外発的動機づけと内発的動機づけは対立する
ものと考えられてきた。自己決定理論では，外発的動機づけを自己決定性の程
度に応じて分類し，外発的動機づけであっても，自分で価値を見出したり，自
分の生き方と思えることによって，内発的動機づけと同様の効果があると見な
している。自己決定理論を教育に当てはめて考えると，学生は，必ずしもはじ
めから内発的動機づけが高い段階から出発する必要はなく，より自律性の高い
動機づけへと移行する過程にあると考えることができるため，この理論は，学
習の動機づけとして応用しやすい理論だと考えられる。

## 2-4　理想の学び

　著者は，学ぶという行為は，生まれてから死を迎えるまで一生続く行為の一
つであると捉えている。つまり，人は呼吸と共に生まれ，呼吸と共に死を迎え
るが，それと同様に，呼吸をするように学び続けることが理想であると考えて
いる。そのことを実践し続けて行くためには，「生命現象」を知っておくこと，
そして，内発的動機づけの重要な要因となる「面白さ／やりがい」を持つこと
が重要ではないだろうか。

　生物は，エントロピー増大の法則に抗うために，常に自身の細胞を破壊して
は，再生する行為を永遠と続けている[12]。つまり，私たちの身体は，細胞レベル
で見ると，半年後にはまったく別人になっているのである。私達の体内にある
37兆個の細胞が，来る日も来る日もタンパク質をアミノ酸に分解し，それを取
り込みながら，自身の細胞の破壊と再生を繰り返して，何とか命をつないでい
るのである。このような生命現象が自身の体内で繰り広げられていることを想
像すると，わたし自身が怠けたり，時間を浪費したり，成長につながる行動を
しないことは，自分の細胞に対する罪ではないだろうか。そう考えると，いか
なるときも全力で生きている細胞に，少しでも申し訳ない気持ちにならないだ
ろうか。

　著者のゼミナールの学生には，この細胞の話を毎回するようにしており，学
生からは，「自分自身の無限の可能性があるという事に気づくことができまし
た。また，エントロピー増大の法則についても初めて聞いたので自分自身で調
べてみようと思います」「食べるものすべてが自分の細胞となり体を形成する，

という考えは学びにおいても通ずる考えだと思った」など，学ぶことのモチベーションを高めるために，多少の効果はあるようである。

　この節では，「自ら学ぶこと」，「行動すること」，そして「モチベーションを高めること」について，認知心理学などの研究理論を中心に取り上げ，著者のゼミナールでの取り組みなどを簡単に紹介した。学ぶということは，日々の生活から得られた疑問を探求し，その情報や知識をもとに行動し，体験を通じて内省することで，内発的動機づけを高めていくことであると考えている。

　次節では，内発的動機づけを高めるために重要な要因となる「面白さ」について，「遊び」をきっかけにした学びの観点から考察する。

# 3 「遊び」をきっかけにした学び

　幼児教育では，遊びを中心にした学びが推奨されており，文部科学省の「幼稚園教育要領解説」[13]では，「生活に必要な能力や態度などの獲得のためには，遊びを中心とした生活の中で，幼児自身が自らの生活と関連付けながら，好奇心を抱くこと，あるいは必要感を持つことが重要である」と記載されており，遊びから学ぶ重要性が示されている。

## 3-1　遊びの基本形

　実際に幼児期においては「遊び」が重要な役割を果たしていることは，多くの人が認めるところであろう。しかし，遊びといえども，遊びには様々な遊びがある。松岡正剛は「知の編集術」[14]で，遊びにはいくつかの基本形があることを示しており，それは，「ごっこ」「しりとり」「宝探し」の3つのパターンであると述べている。ごっこは，身振り，口ぶり，そして段取りまで真似ており，大人社会が持っている優劣関係や，空間の見立てから道具の見立てまで再現している。しりとりは，相手が発した単語情報を受けとめ，これを関連性を保持しながら次に渡していくことが注目すべき点である。そして，最後に宝探しは，隠れんぼが祖型の遊びであり，どちらも遊び場の空間的特性を知っていることが重要であると述べている。これら遊びの基本系には，情報の特徴の掴み方（ご

っこ，しりとり），情報の再生の仕方（ごっこ，宝探し），情報の探し方（宝探し），情報の連絡の仕方（ごっこ，しりとり，宝探し），情報のマッピングの仕方（ごっこ，宝探し）などの要素が，含まれていることを取り上げ，情報編集における遊びの重要性を示している。

　また今井は，遊びと言語獲得の関係から，ごっこ遊びをすることで抽象化の能力が養われ，それが言葉の発達にもかかわっていることを示している。[15]

　このように子供の遊びには，数多くの学ぶ要素が含まれており，そして，このような遊びを子供が自発的に行なっていることに注目すべきである。

## 3-2　遊びの定義

　なぜ子供は，遊びに関して積極的になり，自発的になれるのか。その要因を明らかにすることで，遊びの観点を利用した内発的動機づけを高める学習につなげることができるのではないだろうか。遊びを学びに応用するためには，遊びの定義を押さえておく必要がある。

　これまで，遊びに注目した研究は，長い歴史を持っている。その中でも，文化の基礎として遊びを位置付けたホイジンガは「ホモ・ルーデンス」[16]において，真面目ではない自由な活動である遊びが，人間文化を基礎づける基本的なものである。と遊びを位置付けており，遊びの本質を人と文化の観点から捉えようとした。また，カイヨウは，ホイジンガの研究を発展させ，遊びの概念化を試み，遊びを分類することで，遊びの定義について考察している。ここではカイヨウの遊びの定義について紹介する。

　カイヨワは『遊びと人間』[17]で，遊びの概念を6つ定義している。

①自由な活動。すなわち，遊技者が強制されないこと。もし強制されれば遊びは，たちまち魅力的で愉快な楽しみという性質を失ってしまう。

②隔離された活動。すなわち，あらかじめ決められた明確な空間と時間の範囲内に制限されていること。

③未確定の活動。すなわち，ゲーム展開が決定されていたり，先に結果がわかっていたりしてはならない。創意の必要があるのだから，ある種の自由が必ず，遊技者の側に残されていなければならない。

④非生産的活動。すなわち，財産も富も，いかなる種類の新要素も作り出さな

いこと。遊戯者間での所有権の移動をのぞいて，勝負開始時と同じ状態に帰着する。

⑤規則のある活動。すなわち，約束ごとに従う活動。この約束ごとは通常法規を停止し，一時的に新しい法を確立する。そしてこの法だけが通用する。

⑥虚構の活動。すなわち，日常生活と対比した場合，二次的な現実，または明白に非現実であるという特殊な意識を伴っていること。

　カイヨウの定義は，ホイジンガの遊びの定義をさらに発展させたものであり，遊びの本質という面でもよく整理されている。小川は[18]，ホイジンガとカイヨウの研究にもとづき，遊びの本質は「面白さ」にあることを示した。小川は，「いかに『面白さ』を獲得できるかの全体的工夫・方法論が『遊び』であり，その『面白さ』をいかに効果的に得るのかが遊びの種類の決定であり，そして，その種類の決定ののちに，いかに効率的に『面白さ』を得るかが，遊びの規則その他（隔離された活動，未確定の活動，非生産的活動，虚構の活動），ということになる」と述べている。つまり，遊びは，「面白さ」を獲得するための工夫や，方法であり，遊びの本質は「面白さ」であることを示している。

　このような定義からも，遊びが内発的動機にもとづく行動であると考えることができる。そして，遊びを学びに取り入れることができれば，内発的動機づけを高める学びにつなげることができるであろう。

## 3-3　ビジネス・サファリにおける「遊び」

　ここでは，カイヨウの遊びの定義に従い，ビジネス・サファリに遊びの概念を取り入れることが可能かを検討する。

　大林は[19]，ビジネス・サファリは，フォーマルなフィールドワークではなく，非専門家用のフィールドワーク的教育体験をベースにしたもで，子供用のシティ・サファリのアイデアを大学生用に換骨奪胎し，興味のあるテーマでフィールドワーク的な調査を行うものである。と述べている。したがって，ビジネス・サファリでは，専門家が行うほどフォーマルなフィールドワークではなく，自由度の高い取り組みであり，カイヨウの遊びの定義①「自由な活動」とも相性が良い。また，定義②「隔離された活動」が示すように，行動調査はある特定のエリアに限定するため，あらかじめ決められた明確な空間と時間の範囲内に

制限されていることも満たしている。定義③「未確定の活動」についても，ビジネス・サファリは，探検＝サファリというロマンで興味をつなぎ止めるものであり，あらかじめ答えが決まっているような問題はなく，定義③も満たしている。定義④の「非生産的活動」は，ビジネス・サファリでは，参加者間の利害関係もなく財産も富も生み出すことはない。定義⑤「規則のある活動」について，ビジネス・サファリでは，闇雲に調査するわけではなく，調査の目的やテーマにもとづき，対象物，場所，人などを観測することをあらかじめ定めていることから，何らかの基礎にもとづいた活動を行うことになる。定義⑥「虚構の活動」は，ビジネス・サファリでは，普段から訪れている街であっても，五感を研ぎ澄ましいつもとは違う新しい発見が待っていることから，普段の街を二次的な現実と見なすこともできるであろう。

　このように遊びの定義に当てはめて考察すると，ビジネス・サファリは遊びの定義の大部分を有するものであり，ビジネス・サファリによって学習の内発的動機づけを高めるきっかけになるのではないかと考えられる。


# 4 ゼミナール2年生のビジネス・サファリ

　本節では，2019年にゼミナール2年生15名が5グループに分かれて実施したビジネス・サファリの取り組みを紹介する。現地調査に行く2週間ほど前に，仕掛学に関する説明を行い，ビジネス・サファリのウォーミングアップとして，身の回りにある仕掛けを見つけるように指示をしておいた。まず次項では，学生が発見した仕掛けについて紹介する。


## 4-1　身の回りにある仕掛けを発見

　仕掛学[20]では，普段意識されていない行動の選択肢を魅力的に見せ，行動をそそることで問題を解決するアプローチとして仕掛けをとらえている。つまり，『ついしたくなる』ように間接的に誘導し，目的を達成する手法が「仕掛け」である。そして，その仕掛けには，3つの要素があり，1つ目は，公平性（Fairness）である。仕掛けによって，誰も不利益を被らないこと。2つ目は，

図表12-2　ゴミ箱の仕掛け

図表12-3　ハイテクなトイレの仕掛け

図表12-4　盗難防止の目

誘引性（Attractiveness）であり，行動が誘われること。そして3つ目は，目的の二重性（Duality of purpose）であり，仕掛ける側と仕掛けられる側の目的が異なることを挙げている。

　例えば，図表12-2は，韓国からの留学生が紹介した仕掛けである。ゴミ箱に入れずにそのままゴミを置いて行く人が多かったが，この仕掛けにより，ゴミをきっちりゴミ箱に捨てるようになったというものであり，その効果は覿面（てきめん）である。そして，このような仕掛けには遊び心も感じられる。

　次に図表12-3は，居酒屋の男子トイレの写真である。ハエや的のシールを小便器内に貼るケースは有名であるが，このトイレはセガが開発した尿量を測る

トイレであり，よりゲーム性が高まっている。次に，図表12-4は，傘に目を描いただけの仕掛けであるが，盗難防止の効果があるかもしれない。

　これらの仕掛けはいずれも学生が見つけたものであるが，シンプルな仕掛けには，なるほどという納得感と面白さを含んでおり，学生の中には，仕掛学を学んだことによって，日常的に仕掛けを探すようになったという学生もいた。仕掛けを見つけることは，何気なく生活する上で，見過ごしている様々なことに気づく良いきっかけになるのではないだろうか。また，学んだことを実践するという意味でも，仕掛けを発見し，その理由を考えることは，自発的な学習のきっかけになるであろう。

## 4-2　神田キャンパス近辺でのフィールドワーク

　ビジネス・サファリに参加したゼミナールの2年生は，これまでフィールドワークに関する経験はない。そのために，初学者が取り組みやすいように神田神保町を対象に専修大学神田キャンパスの近辺でビジネス・サファリを実施した。

　学生には，学生の目線で神保町の神田キャンパス周辺やお店を調査して下さいと伝えた。3人×5グループ（AからE）に分け，そのうちの2グループ（A,B）は，現地調査に関する説明をまったく行わずに，調査の方法も含めてすべて各グループに委ねた。一方で，残りの3グループ（C,D,E）は，現地調査では，資料として現地の様子をメモに残したり，お店に入った場合は，客の数，テーブル・椅子の数，メニューの種類数など，とにかく数を数えて，それをメモすることを伝えた。仕掛学については，前項で示したように全グループが学習済みであった。

　説明を行わなかったグループの特徴としては，グループのメンバーが気になるお店に入店し，食事をして写真を撮るだけという傾向があった。図表12-5は，事前に説明しなかったAグループの現地調査の結果として，発表資料の一部を示している。このグループは，仕掛けを発見することもできず，食事を楽しんで終わったようである。

　事前説明をしなかったもう一つのグループ（B）は，数を数えることはしていないが，積極的に街にある仕掛けを発見していた。図表12-6は，彼らが発見

図表12-5　事前説明のないグループの資料

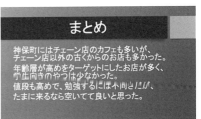

図表12-6　街で発見した仕掛け

　した仕掛けであり，左の図は，路面表示マークで，右の図は，ミスト付き緑化ベンチである。仕掛けを発見するだけではなく，写真の撮り方も遊び心が満載ではないだろうか。楽しんでビジネス・サファリに取り組んでいる様子がうかがえる。

　ミスト付き緑化ベンチは，ただのベンチではなくミストを出すことで，夏場には，よりいっそう座りたい気持ちを誘因しており，合わせてヒートアイラン

**図表12-7　説明後に調査したグループの資料**

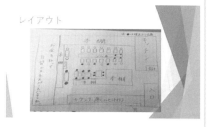

ド現象への対策を兼ねている。

　事前に説明を行ったグループは，店内のレイアウトを作成し，店の様子を店員の特徴や客層などもあわせて記録しており，多様な視点を考慮した調査が実現できている内容になっている。図表12-7は，その調査結果の一部を示している。手書きのレイアウトや，店内の設備として，紙ナプキンまで記録している。また，客層についても，男女比，年齢層，そして国籍についても注意して観察できている。

　図表12-8も同様に説明後に現地調査をしたグループのメモである。店に来店した人数や性別，客層，そして注文した商品などがメモされている。具体的なメモの取り方は説明していないが，自分で考えこのような詳細なメモが作成できていることからも，ビジネス・サファリに参加したことによって，主体的に考えて行動できているのではないだろうか。

**図表12-8　客の様子を記録したメモ**

```
16:40入店 18:27退店
ーお客さんー
40代女性1人
20代女性2人 17:47退店
30代男性1人
20代女性1人(プリンアラモード・作業) 18:03退店
40代男性2人(スーツ・PC作業) 17:30 1人退店
50代男女
ー一人の流れー
16:55 30代男性入店 17:30退店
17:07 50代女性入店 17:50退店
17:24 30代男性入店(PC作業)
17:25 30代女性入店(プリンアラモード)
17:26 60代男性入店 17:33本購入退店
17:29 50代女性入店 (50代男性合流)
18:00 40代男性入店
18:00 60代男性入店 18:05退店カフェ利用なし
ー店員さんー
ホール1人(20代男性1人)
キッチン3人(20代女性2人、30代男性)
ー店内ー
・BGMジャズ
・証明薄暗い
・テイクアウト可能(30代男性1名利用)
・ガラス張り
・外から見える本棚の本はジャンルが様々で表紙
が見えるように置かれている
・ラウンジスペース、コピー機あり
・文庫関係の雑貨販売
・机と椅子は木製
```

# 5 おわりに

　本章では，ビジネス・サファリを「遊び」の側面から捉えた。そして，ビジネス・サファリは，カイヨウの遊びの定義との親和性が高く，内発的動機づけを高めることのできる学びにつながるのではないかという仮説を示した。

　ゼミ生によるビジネス・サファリでは，現地調査に関する説明を行ったグループと，行っていないグループではアウトプットの質はかなり異なる物であった。ただし，全グループが事前に仕掛学について学んだことによって，説明を行っていないグループも仕掛けに着目した現地調査が実施できていた。数に着目することを説明されたグループは，店内レイアウトや，客の様子など細かに把握できるような工夫を行っており，調査した店舗がどのような特徴を持っているかを明らかにしていた。

これらの結果から，仕掛けに着目したビジネス・サファリを実施することによって，初学者でも現地調査で注目すべきポイントが明確になることを示せた。そして，遊びの本質である「面白さ」として，楽しむことを実践できていたように思う。そして，都心の中にある仕掛けに気づくことで，なぜこのような仕掛けがこの場所にあるのかという疑問を抱き，それを調べるという行為まで行ったグループもあった。このような実践から，ビジネス・サファリに仕掛けの観点を取り入れることによって，更なる探求につながる一定の効果は示せたのではないだろうか。ビジネス・サファリに遊びの視点を取り入れることで，学習者にとっての能動的な学修や探求へとつなげるためのきっかけになれば幸いである。人生100年時代では，学び続けることは必要不可欠である。特に，この不確実でエキサイティングな時代と共に生きていく学生には，学習へのモチベーションを高め，学んだことを行動に移せるように，今後もサポートを続けていきたい。

[注記]
1） 松村真宏（2016）『仕掛学―人を動かすアイデアのつくり方』東洋経済新報社。
2） 今井むつみ（2016）『学びとは何か―＜探求人＞になるために』岩波新書。
3） ダニエル・カーネマン，村井章子（翻訳）（2012）『ファスト＆スロー』早川書房。
4） ジョナサン・ハイト，藤澤隆史（翻訳），藤澤玲子（翻訳）（2011）『しあわせ仮説』新曜社。
5） Stanovich, Keith E.（2011）*Rationality and the Reflective Mind*, New York, NY: Oxford University Press.
6） 吉川雅也（2016）「モチベーション理論における主体性概念の探求：組織における主体性獲得のプロセスに着目して」産研論集43，pp.115-121。
7） Maslow, A.H.（1943）"*A theory of human motivation.*" Psychological Revies, Vol.50, No4, pp.370-396.
8） Deci, E. L. and Ryan, R. M.（2002）*Handbook of Self Determination Research*, University of Rochester Press.
9） Vroom, V.H.（1964）*Work and motivation*, John Wiley & Sons.（坂下昭宣他訳『仕事とモティベーション』千倉書房，1982）
10） Atkinson, J.W.（1964）*An Introduction to Motivation*, Prinston, NJ. Van Nastrand.
11） エドワード・L．デシ，リチャード・フラスト，桜井茂男（翻訳）（1999）『人を伸ばす力―内発と自律のすすめ』新曜社。
12） 福岡伸一（2017）『新版 動的平衡：生命はなぜそこに宿るのか』小学館新書。

13）文部科学省，「幼稚園教育要領解説」，https://www.mext.go.jp/content/1384661_3_3.pdf（2022年1月28日アクセス）

14）松岡正剛（2000）『知の編集術』講談社現代新書。

15）今井むつみ，前掲2）

16）ホイジンガ，高橋英夫（翻訳）（1973）『ホモ・ルーデンス』中公文庫。

17）ロジェ・カイヨワ，多田道太郎（翻訳），塚崎幹夫（翻訳）（1990）『遊びと人間』講談社学術文庫。

18）小川純生（2003）「遊び概念―面白さの根拠―」経営研究所論集／東洋大学経営研究所（編），第26号，pp.99-119。

19）大林守，神原理（2018）「発見のためのビジネス・サファリ―ビジネス教育用アクティブ・ラーニング手法―」『専修商学論集』専修大学学会，第106号，pp.41-62。

20）松村真宏，前掲1）

# あとがき

　本書は，専修大学商学部マーケティング学科の教員4名が，ビジネス現象を把握・分析するための「定性的なフィールド調査法」の開発に，試行錯誤しながら取り組んできた成果である。数学アレルギーの学生が多数派を占める文系の大学においては，統計的手法を用いない調査方法の開発は，至上命題に近いものがある。さらには，初学者でも「楽しく」取り組めて，かつ一定の成果が得られるような手法であることが望ましい。目立った成果も出ないまま，「アカデミックな苦行（学術研究）」に耐え続けられるような学生などほとんどいない。本書は，こうした実情を鑑みた上で編み出されたものである。

　筆者らの挑戦的な取り組みに水を差すように，2020年1月から始まったコロナ禍によって，フィールド調査ができなくなり，学内で予定していた実験も諦めざるを得なくなった。「フィールドを研究対象とするプロジェクトで，フィールドに出ることが制限される」という，前代未聞の厳しい制約の中，できるだけの成果をまとめられるよう筆者らは様々な工夫を凝らした。本書は，こうした紆余曲折の結果でもある。

　そして，編著者である神原のフィールドワーク経験もまた，紆余曲折，道草続きの「サファリ」であった。

　私がフィールドワークに興味を持ち始めたのは，研究者としての道を歩み始めた1995年であった。経済・経営・商学といったビジネス関連の領域で研究成果を上げるためには，アンケートや売上などのデータをもとに統計分析を駆使した定量的な調査に取り組むか，事例研究と合わせたインタビュー，フィールドワークなどを駆使した定性的な調査方法で成果を出すか，ほぼ「二者択一」の時代であった。現在では，「混合研究法」として包括的な活用がなされてはいるが，当時は，「白か黒か」といった考えが一般的であった。もちろん，史的な資料や文献をたどる研究方法もあったが，図書館などに通い詰め，丹念に文献

をたどるほど私はマメな性格でもなかった。

　どちらかといえば，私は，自分が興味を持ったフィールドにどんどん出て行き，人見知りな自分を隠しながら，現地での観察やヒアリングなどの実態調査をする方に関心があった。そこで，当時，世間に普及し始めたインターネットを駆使して，様々な定性的調査法を探していたところ，「社団法人 現代風俗研究会[1]」に出会った。当時，多田道太郎先生が会長で，鶴見俊輔先生や井上章一先生らが筆頭となり，鵜飼正樹先生や斎藤光先生，永井良和先生らが新進気鋭の若手研究者として脚光を浴びていた。彼らの輝かしい活躍ぶりと，宴席での飾らない姿に，私は心から憧れを持って接していた。

　その後，1998年に内地留学の機会を得て，一橋大学の片岡寛先生の研究室に研究員として在籍した。当初は，自身の研究に没頭するつもりでいたが，学内のどこかで大学院のシラバスを見つけ，何気なくパラパラとめくっていると，佐藤郁哉先生の名前を見つけた。その瞬間，「これ幸い！」と思い，ダメモトで佐藤先生の研究室に直行し，弟子入りを志願したところ，快く受け入れて下さった。当時，大学院生であった五十嵐里奈さん，高尾隆さん，福冨言さん，松下徹さん，水野由香里さんたちと「ご学友」として席を並べ，フィールドワークの手解きを受けた。佐藤先生の懐の広いご指導のもと，彼らとともに過ごした時間は，私にとってかけがえのない経験となった。

　最終レポートでは，成績評価など私には関係なかったのだが，40頁ほどのレポートを書き上げた。それが，佐藤先生へのせめてもの恩返しだと思ったからだ。佐藤先生からは，高い評価を頂くことができたものの，これを論文にするには枚数が多すぎ，書籍にするには少なすぎて出版には及ばなかった。そこを上手に調整すれば済んだ話だが，それができなかったのが，当時の自分の限界だったのだろう。

　お蔵入りした原稿を心残りにしながらも，「ご学友」たちとの交流だけは深めつつ，ゼミや研究でフィールドワークに取り組んでいた。今回，フィールドワークをベースにしたビジネス・サファリの書籍を出版するにあたって，改めて90年代に書いた自身のフィールドノーツや「ご学友」のノーツ，それらに対する佐藤先生からの懇切丁寧なコメントを読み返すと，未熟者の自分を恥ずかしく思い，情けない気持ちになった。

　現在の自分は，中途半端ながらも，アンケート調査にもとづく定量分析と，

フィールドワークにもとづく定性分析の「二刀流」を駆使しながら人並みの研究生活を送ることができている。これもひとえに，佐藤先生と「ご学友」との出会いから始まる細くて長いご縁と，共著者である大林先生，吾郷先生，中原先生との「学び合う関係」の賜物だと思っている。この場をお借りして，皆様には心から感謝の意を表したい。

　本書を手にした大学生には，フィールドワークの「楽しさ」と，今まで気づかなかったことを発見した時の「喜び」を体験して欲しい。そして，社会調査の手法で悩める若手研究者や実務家の方々にとっては，本書が皆さんの背中を押し，新たな道を切り開くきっかけとなるならば，これ以上に嬉しいことはない。すでに研究職に就き，指導者の立場である教員の方々には，本書で提示した様々な手法をゼミナールなどで実践して，フィードバックを頂きたい。

　道草続きだった私の「アカデミック・サファリ」は，これからも続くだろうが，また，研究仲間と新たな「発見」ができれば幸いである。

[注記]
1）社団法人現代風俗研究会 http://genpoo.kir.jp/index.html (2021/12/30)

【執筆者一覧】

神原 理（かんばら　さとし）──────────── 第1章，第3章，第4章，第5章，
専修大学商学部教授　　　　　　　　　　　　　　第6章，第9章，第11章


大林 守（おおばやし　まもる）──────────── 第1章，第2章，第7章，第8章
専修大学商学部教授


吾郷 貴紀（あごう　たかのり）───────────────────── 第10章
専修大学商学部教授


中原 孝信（なかはら　たかのぶ）──────────────────── 第12章
専修大学商学部准教授

■ ビジネス・サファリ
　　　―都市型フィールドワークの技法―

■ 発行日――2022年3月31日　初版発行　　　　　〈検印省略〉

■ 編著者――神原理
　　　　　　かんばらさとし

■ 発行者――大矢栄一郎

■ 発行所――株式会社　白桃書房

　　　　〒101-0021　東京都千代田区外神田5-1-15
　　　　☎03-3836-4781　🄵03-3836-9370　振替00100-4-20192
　　　　https://www.hakutou.co.jp/

■ 印刷・製本――藤原印刷

# 専修大学商学研究所叢書

神原　理【編著】
### ソーシャル・ビジネスのティッピング・ポイント

本体 1,905 円

小林　守【編著】
### アジアの投資環境・企業・産業
　　—現状と展望

本体 2,800 円

岩尾詠一郎【編著】
### 情報化社会におけるマーケティング
　　—消費者行動とロジスティクスにおけるデータ活用

本体 2,000 円

渡辺達朗【編著】
### 中国・東南アジアにおける流通・マーケティング革新

本体 2,300 円

鹿住倫世【編著】
### アジアにおける産業・企業経営
　　—ベトナムを中心として

本体 2,500 円

内野　明【編著】
### メコン地域におけるビジネス教育

本体 3,000 円

吾郷貴紀【編著】
### 買い物弱者問題への多面的アプローチ

本体 2,400 円

岡田　穣【編著】
### 海岸林維持管理システムの構築
　　—持続可能な社会資本としてのアプローチ

本体 3,000 円

上田和勇【編著】
### ビジネスにおける異文化リスクのマネジメント
—アジアの事例を中心に

本体 2,700 円

東京　白桃書房　神田

本広告の価格は本体価格です。別途消費税が加算されます。